普通高等教育"十一五"国家级规划教材

高等院校信息安全专业系列教材

# 网络舆情导控教程

马振飞 主编

http://www.tup.com.cn

# Information Security

清华大学出版社
北京

内 容 简 介

本书充分考虑网络舆情导控教学的需求特点,将内容分为理论篇与实践篇。理论篇对网络舆情概念进行了详细的辨析,准确地阐述了舆论、舆情、民意、牢骚、恶搞之间的区别与联系,清晰地描述了网络舆情的构成要素、特点、传播途径以及现今网络舆情的诱发原因;并对网络舆情监控工作的依据、原则、流程、意义等加以阐述,对实际工作中网络舆情信息搜集、网络舆情信息分析、网络舆情信息编报、网络舆论引导等具体内容加以详细讲解。实践篇是对网络舆情监控工作中遇到的难点有针对性地设立的实训内容,主要包括互联网服务器信息搜集、涉及属地信息网站搜集、网络舆情信息搜集、有害信息处置、网络舆情信息编报、网络舆论引导等内容。

本书理论与实践相结合,理论讲解循序渐进、举例恰当、清晰明了,实践设置科学合理,案例教学方便理解,符合教学需要,填补了网络舆情教材的空缺。本书既适合作为高等院校信息安全专业、网络安全与执法专业和新闻传播等专业的教材,也适合作为网络舆情工作者的参考书。

**图书在版编目(CIP)数据**

网络舆情导控教程/马振飞主编. —北京:清华大学出版社,2014(2025.6重印)
高等院校信息安全专业系列教材
ISBN 978-7-302-35084-2

Ⅰ. ①网… Ⅱ. ①马… Ⅲ. ①互联网络—舆论—安全管理—高等学校—教材 Ⅳ. ①G219

中国版本图书馆 CIP 数据核字(2014)第 009193 号

责任编辑:张 民 薛 阳
封面设计:傅瑞学
责任校对:焦丽丽
责任印制:丛怀宇

出版发行:清华大学出版社
　　　网　　址:https://www.tup.com.cn,https://www.wqxuetang.com
　　　地　　址:北京清华大学学研大厦 A 座　　　　　邮　　编:100084
　　　社 总 机:010-83470000　　　　　　　　　　邮　　购:010-62786544
　　　投稿与读者服务:010-62776969,c-service@tup.tsinghua.edu.cn
　　　质 量 反 馈:010-62772015,zhiliang@tup.tsinghua.edu.cn
印 装 者:涿州市般润文化传播有限公司
经　　销:全国新华书店
开　　本:185mm×260mm　　　　印　　张:8.75　　　　字　　数:197 千字
版　　次:2014 年 1 月第 1 版　　　　印　　次:2025 年 6 月第 13 次印刷
定　　价:25.00 元

产品编号:056296-02

高等院校信息安全专业系列教材

# 编审委员会

# 出版说明

　　21 世纪是信息时代,信息已成为社会发展的重要战略资源,社会的信息化已成为当今世界发展的潮流和核心,而信息安全在信息社会中将扮演极为重要的角色,它会直接关系到国家安全、企业经营和人们的日常生活。随着信息安全产业的快速发展,全球对信息安全人才的需求量不断增加,但我国目前信息安全人才极度匮乏,远远不能满足金融、商业、公安、军事和政府等部门的需求。要解决供需矛盾,必须加快信息安全人才的培养,以满足社会对信息安全人才的需求。为此,教育部继 2001 年批准在武汉大学开设信息安全本科专业之后,又批准了多所高等院校设立信息安全本科专业,而且许多高校和科研院所已设立了信息安全方向的具有硕士和博士学位授予权的学科点。

　　信息安全是计算机、通信、物理、数学等领域的交叉学科,对于这一新兴学科的培养模式和课程设置,各高校普遍缺乏经验,因此中国计算机学会教育专业委员会和清华大学出版社联合主办了"信息安全专业教育教学研讨会"等一系列研讨活动,并成立了"高等院校信息安全专业系列教材"编审委员会,由我国信息安全领域的著名专家肖国镇教授担任编委会主任,共同指导"高等院校信息安全专业系列教材"的编写工作。编委会本着研究先行的指导原则,认真研讨国内外高等院校信息安全专业的教学体系和课程设置,进行了大量前瞻性的研究工作,而且这种研究工作将随着我国信息安全专业的发展不断深入。经过编委会全体委员及相关专家的推荐和审定,确定了本丛书首批教材的作者,这些作者绝大多数是既在本专业领域有深厚的学术造诣,又在教学第一线有丰富教学经验的学者、专家。

　　本系列教材是我国第一套专门针对信息安全专业的教材,其特点是:

　　① 体系完整、结构合理、内容先进。

　　② 适应面广。能够满足信息安全、计算机、通信工程等相关专业对信息安全领域课程的教材要求。

　　③ 立体配套。除主教材外,还配有多媒体电子教案、习题与实验指导等。

　　④ 版本更新及时,紧跟科学技术的新发展。

　　为了保证出版质量,我们坚持宁缺毋滥的原则,成熟一本,出版一本,并保持不断更新,力求将我国信息安全领域教育、科研的最新成果和成熟经验反映到教材中来。在全力做好本版教材,满足学生用书的基础上,还经由专家的推荐和审定,遴选了一批国外信息安全领域的优秀教材加入本系列教材中,以进一步满足大家对外版书的需求。热切期望广大教师和科研工作者加入我们的队伍,同时也欢迎广大读者对本系列教材提出宝贵意见,以便我们对本系列教材的组织、编写与出版工作不断改进,为我国信息安全专业的教材建设与人才培养作出更大的贡献。

"高等院校信息安全专业系列教材"已于 2006 年年初正式列入普通高等教育"十一五"国家级教材规划(见教高[2006]9 号文件《教育部关于印发普通高等教育"十一五"国家级教材规划选题的通知》)。我们会严把出版环节,保证规划教材的编校和印刷质量,按时完成出版任务。

2007 年 6 月,教育部高等学校信息安全类专业教学指导委员会成立大会暨第一次会议在北京胜利召开。本次会议由教育部高等学校信息安全类专业教学指导委员会主任单位北京工业大学和北京电子科技学院主办,清华大学出版社协办。教育部高等学校信息安全类专业教学指导委员会的成立对我国信息安全专业的发展将起到重要的指导和推动作用。"高等院校信息安全专业系列教材"将在教育部高等学校信息安全类专业教学指导委员会的组织和指导下,进一步体现科学性、系统性和新颖性,及时反映教学改革和课程建设的新成果,并随着我国信息安全学科的发展不断修订和完善。

我们的 E-mail 地址:zhangm@tup.tsinghua.edu.cn。联系人是:张民。

清华大学出版社

# 前　言

随着互联网应用的普及,网民数量与日俱增,网民每天都在进行相应的网络活动。网络新闻、网络电影、网络电视、网络游戏、网络论坛、网络聊天、网络邮件、网络微博等各种网络应用层出不穷,网民从互联网上获取大量信息来满足个人的需求。与此同时,由于网络信息发布的隐匿性、自由性、方便性、快捷性,网民也渐渐地由信息浏览者转变成信息发布者、信息传播者,通过网络发表个人对事物认识的态度、意见、观点、意愿等内心活动,希望能够引起他人的共鸣、同情、支持与称赞,从而满足个人"更高层次"的需求。网络已经逐渐转变为网民倾诉心声的大舞台。

由于社会城市化的进程,人们交流的机会与平台逐渐减少,网民通过网络发表个人意愿越来越多,逐渐形成了特有的网络舆情。网络信息既有政府的政务信息,也有新闻信息,还有网民个体的舆情信息。网络信息已经由网民参与完成的综合信息,演变成了网民内心活动的展示台、社会动态的"晴雨表",渐渐形成了网络特有的舆情信息。网络舆情既有对国家建设献计献策的良言,也有对社会发展出谋划策的心声,对社会的进步与发展起到了积极作用,体现出了特有的"正能量"。同时,网络舆情中也掺杂着不和谐的音符,有的夸大其词、蛊惑人心,从而满足个体的内心需求;有的虚构事实、煽动是非,唯恐天下不乱;有的传播有害信息,获取个人利益;有的竟内外勾连,破坏国家安全,影响社会稳定。网络舆情信息的出现,国家应该给予足够的重视,引导舆论的走向,使网络舆情朝着正确的方向发展,促进社会健康和谐地发展。

目前,我国已经开展了网络舆情监控工作,各种职能部门已经陆续组建了网络舆情监控机构,并且配置了相应的工作人员。但是,由于网络舆情是新时期面临的新问题,网络舆情监控工作大部分还处于摸着石头过河的阶段,没有形成完整统一的工作模式,需要解决的问题还有很多。何为舆情?如何监控?怎样获取、分析、编报?究竟怎样开展工作?面临的诸多新问题急需从理论上给予明确的解释、说明。同时,在网络舆情监控过程中应用哪些网络技术,怎样解决实际问题也是摆在面前的新课题。网络舆情监控工作急需研究的问题还有很多很多。

随着网络舆情工作重要性的日益突出,网络舆情工作队伍不断壮大,急需对新生力量进行有针对性的培训教育,满足网络舆情实际工作的需要。然而,能够胜任的培训机构寥寥无几,有针对性的网络舆情培训教材更是一书难求。为了更好地完成网络舆情工作，只能在工作中不断地积累、总结、交流、学习，逐渐完善网络舆情理论体系、构建网络舆情工作模式。

本教材是通过查阅大量的网络、信息、舆情、舆论方面的资料，在实际的网络舆情工作中不断地积累、总结、交流、学习，经过几年的网络舆情培训历练，从而形成的网络舆情培训作品。本教材充分考虑网络舆情教学的需求特点，将内容分为理论与实践两篇。理论篇对网络舆情概念进行了详细的辨析，并对网络舆情监控工作的依据、原则、流程、意义等加以阐述，对实际工作中网络舆情信息搜集、网络舆情信息分析、网络舆情信息编报、网络舆论引导等具体内容加以详细讲解。实践篇是在网络舆情监控工作中有针对性地设立实训内容，主要包括互联网服务器信息搜集、涉及属地信息网站搜集、网络舆情信息搜集、有害信息处置、网络舆情信息编报、网络舆论引导等内容。

本教材在编写过程中得到了辽宁省公安厅网安总队、沈阳市网安支队的大力支持，为笔者的实习锻炼提供了有力帮助，为本书的顺利完成提供了大量的素材和指导。同时，本教材在编写过程中得到了中国刑警学院网络犯罪侦查系的大力支持，为本教材在实际教学活动中不断地完善提供了机会，经过数次的整改之后编写出本教材。在此向他们表示诚挚的感谢。

由于编者水平有限，本教材中的缺点和错误在所难免，恳请读者批评指正，多提宝贵意见。

作　者
2014 年 1 月

# 目 录

## 理 论 篇

# 实 践 篇

理 论 篇

第1章

# 网络舆情概论

**教学目的**

① 掌握舆情概念和特点；

② 明确舆情与舆论、民意、情报、牢骚、恶搞的区别与联系；

③ 掌握网络舆情的概念、特点及构成要素；

④ 明确舆情信息与政务信息、新闻信息、宣传信息的区别与联系；

⑤ 了解网络舆情产生的现实根源；

⑥ 明确网络舆情产生的诱导因素。

随着互联网技术的飞速发展与普及，使得网络已经成为报纸、广播、电视三种传统媒体之后形成的新型媒体。由于网络媒体参与的自由性、交互性、实时性、隐匿性等特殊功能，使得网络媒体的影响力也在逐渐增大。尤其是近些年来移动互联网的应用，使得网络媒体的参与人群更是与日俱增，加之网上信息内容的丰富性、新颖性、多样性，使得网民在互联网上不断地发表个人观点意见，渐渐形成了网络上特有的舆情信息。

网络舆情作为当今社情民意的集中反映，体现了一定时期内网民的所思所想，引起了社会各界的高度关注。网络舆情可以使事件影响范围瞬间扩大数倍，乃至全国各地，网络舆情控制得好坏直接关系到事件的发展，乃至社会的安全与稳定。但是，目前关于网络舆情的理论研究还远不能满足实践的需要，网络舆情的相关概念、特点、传播途径等内容还需进一步研究和探讨。

## 1.1　网络舆情辨析

### 1.1.1　舆情的概念

"舆"在新华字典中解释为众人的；这里所说的众人应该是指大家、民众，群体中的每个人。而"情"在新华字典中的解释为感情、情绪、爱情、情欲、情形、情况等，而舆情中的情应该是指情形、情况。"舆情"在字典中解释为公众的意见和态度；是指众人的意见、态度；是指群体中每个人的意见、态度。

在舆情方面的理论研究中，还有很多学者对此进行了专门的研究。王来华撰写的《舆情研究概论》是我国第一部舆情基础理论专著，对舆情进行了如下定义。舆情是指在一定的社会空间内，围绕中介性社会事件的发生、发展和变化，作为主体的民众对作为客体的国家管理者产生和持有的社会政治态度[①]。王建龙认为，社会舆情，是一定时期、一定范围的群众对社会现实的主观反映，是群体性的思想、心理、情绪、意见和要求的综合表现，是社会发展状况的温度计和晴雨表[②]。刘毅撰写的《网络舆情研究概论》认为舆情是由个人以及各种社会群体构成的公众，在一定的历史阶段和社会空间内，对自己关心或与自身利益紧密相关的各种公共事务所持有的多种情绪、意愿、态度和意见交错的总和[③]。

众多学者都对舆情概念进行了具体化，舆情的客体都指向了国家、社会、公共事务等，这些都称为狭义的舆情概念解释。而随着社会的发展，网络媒体的出现，民众对个体的行为也相应地产生了观念和看法，从而为舆情赋予了新的内涵。例如："艳照门"本属私人事件，由于涉及道德伦理迅速演变为公众话题，网民纷纷发表自己的观念、态度，一时之间成为了人们最关注的话题之一。舆情的客体对象相对地变得比较变宽，不再局限于社会公共事务和国家事务，舆情的概念又有了广义的解释，即民众在一定时期内所产生和持有的情绪、观念、态度、意见和看法交织的总和。

广义概念具有以下几个特点。

① 定义中以舆情主体为民众，体现出舆情的群体心理特点，同时也包含着公众中的个体的心理特点，是个体心理特点组合而成的群体心理特点。

② 舆情的客体为民众关心的事物，不仅包括了社会事件、社会热点问题、社会冲突、社会活动、公众人物等，还包含人们关心的任何事物。只要是民众关心的事物都有可能成为舆情的客体，无论他与个体的自身利益是否有关联，民众关心的事物都有可能激发舆情的产生。

③ 舆情的本体依然保留着多种情绪、意愿、态度和意见交织的总和。舆情所呈现出的是错综复杂的心理状态，多种不同的情绪、意愿、态度和意见交织在一起，互相融合、相互碰撞和相互影响。

④ 舆情的产生和变化是在具体的时空中进行的，只有相应的时间和空间存在，才有可能激发出舆情。

广义的舆情主要针对理论研究，而狭义的舆情则主要针对舆情工作者实际工作而言，他们更加关心公共事务的影响，更加关心社会安全与国家稳定。本书主要是针对舆情工作需求而编写的，因此本书中的网络舆情主要为狭义的舆情。

### 1.1.2　舆情的辨析

在认识舆情的概念上，很多人将舆论、舆情、情报、民意、牢骚、恶搞等关联性概念相混淆。理论学术界也在不断地研究，试图区分这些概念的区别与联系，从而为学术研究进行界定，避免在概念上似是而非、模棱两可的局面。

#### 1. 舆情与舆论的界定

近些年来，学术界对舆论、舆情的研究越来越多。刘建明将舆论解释为：显示社会整

① 王来华. 舆情研究概论. 天津：天津社会科学院出版社，2003：32.
② 王建龙. 把握社会舆情. 瞭望，2002(20).
③ 刘毅. 网络舆情研究概论. 天津：天津人民出版社，2007：51.

体知觉和集合意识、具有权威性的多数人的共同意见[1]。孟小平将舆论定义为公众对其关心的人物、事件、现象、问题和观念的信念、态度和意见的总和,具有一定的一致性、强烈程度和持续性,并对有关事态的发展产生影响[2]。徐向红在《现代舆论学》中指出个别人的意见不是舆论;没有表达的意见不是舆论。通过对多数学者的归纳,舆论形成如图 1-1 所示,舆论是公开表达的多数人的共同意见,具有如下特点[3]。

图 1-1　舆论形成效果图

① 舆论是多数人的意见,不是个体意见的叠加累和。在舆论中由于个体的意见与多数人的意见相违背将会被忽略。即便个体的意见是正确的,多数人的意见是错误的,个体意见也将不复存在。

② 舆论是共同的、一致的意见。舆论是多数人一致的意见,即便每个人持有的意见多种多样,但最终形成的舆论是统一的、一致的,多数人认同的意见。

③ 舆论是经过各种形式公开表达的意见。由于舆论是多数人统一的、一致的意见,所以必须是经过公开之后形成的一致意见,没有公开的意见是无法统计人数的多少的,也就形成不了多数人的意见。

通过对舆论的分析,可以得出舆论是公开的,而舆情是可以不公开的;舆论是多数人的意见,而舆情是公众里每个人的意见。公众所持有的个体情绪、态度、观念和意见等心理活动,经过公开,经过相互的干扰、碰撞、影响后,形成多数人的公开意见,舆情也就演变成了舆论。舆情是舆论的前期阶段,是舆论形成的潜伏期。

舆论是多数人的公开意见,多数人的意见,但未必是正确的意见,真理有时也会掌握在少数人手里。所以应该加强舆情分析与研究,防止不正确的多数人的意见形成舆论,破

---

① 刘建明.基础舆论学.北京:中国人民大学出版社,1988:11.
② 孟小平.揭示公共关系的奥秘——舆论学.北京:中国新闻出版社,1989:36.
③ 刘毅.网络舆情研究概论.天津:天津人民出版社,2007:57.

坏现实社会秩序和影响国家的安全稳定,减少错误舆论的影响和所带来的危害。

### 2. 舆情与牢骚的界定

牢骚是人们对于自身的生存、发展及社会现状的不满而产生的一种"抑郁不平之感",发牢骚则是这种"抑郁不平之感"的表达[①]。现实生活中,几乎每个人都有牢骚,就像如图 1-2 所示的牢骚男,所不同的是牢骚的强度、牢骚的表现形式、宣泄牢骚的习惯等方面有所差异。王天意认为,牢骚是人们对于不平之事、对自身及社会不满的本能心理反应,它属于一种正常心态,发牢骚也是人们舒缓精神压力的正常行为。当人们陷入牢骚而不能自拔,利用有害的方式进行宣泄的时候,这种牢骚就进入了一种病态心理。随着社会的发展,人们的牢骚也在不断地变化,牢骚的内容也在不断地提升,从而也体现出社会的进步和人们需求的不断提高。牢骚的主要特点如下。

图 1-2　牢骚男

① 牢骚的主体为公众。牢骚是人民群众的意见,不是公众的多数人的意见,而是人民群众的组成成员——个体的意见。

② 牢骚是宣泄出的不满情趣,是抑郁不平之感。牢骚是不满意见的宣泄,而舆情是公众对事物的心理态度,既有满意的态度也有不满意的态度。

③ 牢骚的内容是关乎自身及社会现状的内容。狭义的舆情是关乎社会事务的内容,而不是自身的利益,但当自身的利益具有普遍性时,也就变成了社会事务的热点内容,也就形成了舆情。

牢骚内容可以分为个体自身利益不满意见和社会现象不满意见两部分。社会现象也是一种社会事务的体现,所以涉及社会现象的牢骚也就是一种舆情;涉及个体自身利益不满意见当成为普遍现象时也就转变成了社会事务,也就形成了舆情。

牢骚作为社会的一种存在现象,应该给予关注,而不是制止。作为舆情工作者应该避免牢骚转变成错误的舆情,更应该防止错误的舆情转变成舆论。

### 3. 舆情与民意的界定

民意是人们共同的意见和愿望。民意也称民心、公意、公论等,它是人民意识、精神、愿望和意志的总和。民意是社会舆论的一种类型,同样反映着特殊的共同意识[②]。如图 1-3 所示的全国两会就是民意的具体体现形式,民意作为历史发展的真理评价标准,民意是立国之本,也是治国之本,是判定社会问题真理性的尺度。民意体现了人民改变现状、维护自己利益的历史要求。民意与舆论、舆情、牢骚相比,具有如下特点。

① 民意是人们共同的心理态度。舆论为多数人的共同心理态度,舆情、牢骚为公众中个体的心理态度,从涉及数量上来看,民意为共同的、所有人的愿望。

② 民意是特殊的共同意识。民意是体现人民改变现状、维护自己利益的历史要求;

---

① 王天意. 网络舆论引导与和谐论坛建设. 北京:人民出版社,2008:109.

② 刘建明. 基础舆论学. 北京:中国人民大学出版社,1988:92-106.

舆论是共同的心理态度,可能是正确的要求,也可能是错误的要求;舆论更能体现个体错综复杂的心理态度;牢骚的体现则是不满意见。

③ 民意是不可违背的意愿。而舆论、舆情、牢骚虽是意愿,但不一定是正确的,有可能是错误的意愿,不可实现的请求,有时可能是违背历史发展的意愿。同时也并不是所有的舆论、舆情、牢骚涉及的意愿都是错误的,里面也会有正确的意愿。

图 1-3　民意

### 4. 舆情与情报的界定

情报是关于某种情况的消息和报告,多带机密性质。情报主要是关于他方的机密(秘密或绝密)信息。情报的获取可以通过公开信息筛选分析获取有价值的线索信息,也可以通过隐蔽的方法或手段获取敌方不公开的信息。情报与舆情相比通常具有如下特点。

① 情报的内容指向为他方信息。而舆情的内容指向为公众的心理意愿,情报为他方,舆情为公众。在公众群体里又可以分为我方和他方或者我方和敌方,情报指的是他方信息,从主体上来看舆情可以是情报的信息。

② 情报是他方不想公开的信息。而舆情是公众对公共事务的心理态度,可以是公开的意见也可以是未公开的意见;可以是希望别人知道的意见请求,也可以是隐藏在心底的意见;舆情从公开性程度上来看包含情报。舆论是多数人公开的共同意见,所以舆论是不可能包含情报的。

③ 情报的获取渠道可以是公开信息的分析,也可以是秘密的窃取。而舆情并没有对获取渠道加以描述,不受信息来源渠道的限制,从渠道上看舆情也可以包含情报。

④ 情报是为特殊部门服务的。而舆情并没有说明相应的服务单位或部门要求,从功能服务上来看舆情也可以包含情报。

通过前面的分析舆情包含情报,但有时为了体现情报信息的保密性要求,往往将情报单独列出,不与舆情想混淆。

### 5. 舆情与恶搞的界定

恶搞是主要针对著名的人、事物、事件或作品,应用各种手段炮制出来的,违背常理、让人啼笑皆非的网络恶作剧①。恶搞主要利用增加主体的知名度,提高个人热度,最终达到让大家耳熟能详的目的;恶搞有时也利用在对客体潜移默化的攻击上,通过无声的图片、怪异的声音、搞笑的视频、断章取义的文字达到对客体的诋毁,以此来达到主体的目的。如图 1-4 所示就是关于当下高房价的恶搞漫画。恶搞的主要特点如下。

图 1-4　房奴恶搞

①　恶搞主要针对特殊的对象。恶搞是对一定对象的有目的的诋毁,具有一定的特殊对象性,而狭义的舆情则是对公共事务的心理活动,所以当恶搞针对公共事务进行时与舆情具有一定的重合。

②　恶搞具有一定的诋毁意图。恶搞是通过诋毁特殊对象从而提高知名度的,具有一定的恶意;而舆情有些时候所持有的态度也具有一定的恶意或反对意见。

③　恶搞是需要具有一定的技巧性的。恶搞通常是制造出来违背常理的、意想不到的、让人啼笑皆非的事情,通过一定的技巧才能制作出来。而舆情没有对技巧性加以限制,所以舆情也可以包含恶搞的形式。

恶搞在一定程度上能够成为舆情,甚至会成为舆论,由于恶搞通常具有诋毁性,可能会影响社会的安全与稳定,所以舆情工作者平时就应该关注恶搞,防止其转变成具有破坏性的舆情或舆论。

### 1.1.3　网络舆情概念剖析

#### 1. 网络舆情的概念

网络舆情是网民以互联网为载体对公共事务所持有的情绪、态度和意见交错的总和。如图 1-5 所示,网络舆情的主体为网民,客体与狭义的舆情客体相同,内容为网民所持有的情绪、态度和意见交错的总和。网络舆情也是来源于现实社会的,只是传播的渠道具有一定的互联网的特殊性。由于互联网的传播特性,使得网络舆情在表达和传播的过程中呈现出特有的特点。

---

①　王天意. 网络舆论引导与和谐论坛建设. 北京:人民出版社,2008:144.

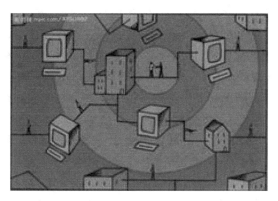

图 1-5　网络舆情

### 2. 网络舆情与信息的关联

信息在本体论层次的意义为：没有任何约束的条件下，可以将信息定义为事物存在的方式和运动状态的表现形式。这也是最一般意义上所说的信息概念[①]。事物是指存在于人类社会、思维活动和自然界中一切可能的对象。存在方式是指事物的内部结构和外部联系。运动状态是指事物在时间和空间上变化所展示的特征、态势和规律。

通过本体论层次的分析可以得出网络舆情信息是指舆情在互联网上的表现形式。表现形式主要为民众在互联网上发布和传播的能够反映民众舆情的文字、图像、音频、视频等，网络舆情信息往往以文字形式为主，以图像、音频、视频为辅，从而展现网民的心理状态，表达网民对公共事务所持有的情绪、态度和意见。

网络舆情信息是网络舆情的载体，表现的具体形式，没有网络舆情信息也就无法体现网络舆情的存在。网络舆情是网络舆情信息的内容，现有网民先是有了网络舆情，而后通过网络传播、存储才有了网络舆情信息，没有网络舆情也就不需要网络舆情信息的存在。网络舆情信息与网络舆情是载体与内容的关系，互相依存。

### 3. 网络信息的比较

网络媒体是继报纸、广播、电视之后出现的新型媒体，网络媒体不再是简单的信息传播，而且也是网络舆情承载的重要载体。在互联网的信息海洋里，承载的信息多种多样、错综复杂，要想研究网络舆情，必须将其网络上的信息分门别类，厘清关系，从而才能更好地分析网络舆情。网上涉及现实社会的信息与网上舆情信息的比较如下。

1）网上政务信息

政务信息是信息的一个重要门类，是政务活动中反映政务工作及其相关事物的情报、情况、资料、数据、图表、文字材料和音像材料等的总称。政务信息是政府机关合法产生、采集和整合的信息，是与政府活动息息相关的信息；政务信息是与经济、社会管理和公共服务相关的信息；政务信息是由特定载体所反映的内容。网上政务信息就是指以互联网为载体，反应政务工作状态的信息。

---

① 　文庭孝.论信息概念的演变及其对科学发展的影响.情报理论与实践,2009(3).

政务信息与舆情信息两者的性质、目的、作用是一致的,都是为决策服务的。但是两者的侧重点有所不同。政务信息主要侧重于社会事务本身的信息,而舆情信息主要侧重于人们对于各类社会事务的思想、认识意见,更关注点在于社会事务引起的思想动态。例如:某地发生工厂特大爆炸事件,政务信息主要反映爆炸事件发生的时间、地点、伤亡人数、事故原因、善后处理等情况。而舆情信息主要反映的是干部群众对爆炸事件的关注、议论及思考,受害者及其家属的思想状况等。

政务信息侧重于社会事务本身的相关信息,而舆情信息侧重于社会事务所引起的社会各界的思想动态信息。政务信息与舆情信息密切相关、相伴而行,政务信息的出现能够引起舆情的产生、发展与演变,舆情信息也能够促进政务处理的革新。在网上舆情信息研究过程中,要区分政务信息与舆情信息,更要关注政务信息与舆情信息的关系。通过政务信息关注舆情、影响舆情、引导舆情,通过舆情信息推动政务,共同作用于决策服务。

2) 网上新闻信息

新闻信息是指新近发生的为公众所关注的具有新闻价值的社会信息。如图 1-6 所示,新闻信息与舆情信息共同之处都是公众关注的事情,二者所反映的都是群众的情绪、态度、意见和愿望等心理动态,以及国际国内各方面的形势和各种事件动态。而二者的不同之处如下。

图 1-6　新闻发布

① 新闻是党和人民的喉舌,党和人民控制着话语权;而舆情是公众的呼声和愿望,能为领导决策提供参考依据,随着互联网的飞速发展,网络已经成为了自由发言的主阵地。

② 新闻受众是广大人民群众,广大人民群众通过新闻获取最新的动态消息;而舆情信息服务的对象主要是领导干部,是领导了解公众呼声的主要渠道之一。

③ 新闻受众者为广大人民群众,具有一定的公开性;而舆情信息是服务于决策部署的,加之舆情信息需要进一步筛选、鉴别、分析、研判,因此具有一定的内部性,不宜公开发布。

④ 新闻反映的内容十分宽泛,既有社会动态信息也有公众的思想活动;而舆情信息相对具有较强的选择性,是民众所关心的话题,不是以领导意志而转移的。

网上的新闻信息层出不穷,体现出社会的方方面面;而网上的舆情信息更是鱼龙混杂、有好有坏。通过新闻报道可以分清事实真伪,教育公众,影响公众的行为举止,从而引导舆情的发展方向。

3) 网上宣传信息

宣传信息是集中在宣传思想领域的内容信息,针对工作方向,通过宣传报道典型事例等,使宣传对象明白其中的道理,从而改变、巩固宣传思想理念,使其朝着宣传报道的方向发展。舆情信息跳出思想宣传工作自身的范畴,涉及社会的各方面、各领域,只要是发生的任何事件都有可能成为舆情的关注点。对于民众的舆情信息应该给予足够的关注,通过宣传报道影响舆情主体的思想,改变其持有的态度、意见,引导舆情的发展方向。

## 1.2　网络舆情的要素分析

要素是指事物必须具有的实质或本质、组成部分。网络舆情能够产生、传播、改变、存在,也需要具有必备的构成要素。通过对舆情概念的辨析以及对网络舆情的剖析得知,网络舆情主要具有如下构成要素。

### 1.2.1　网络舆情主体

通过对舆情概念的辨析得出舆情的主体为对社会事务持有心理意识的公众,公众是舆情产生的发起者,是舆情存在的必备因素,如果没有公众的存在,也就没有舆情的存在。网络舆情的主体为在网络上留有对社会事务心理意识的网民,没有了网民也就没有了网络舆情。但是并不是所有的网民都会对社会事务持有自己的心理意识,就像不是所有的公众都会对社会事务持有自己的情绪、态度、意见和见解等心理意识一样,还有些网民持有相应的心理意识也未必会在网络上公开发表出来,因此研究网络舆情主体的重点应该放在持有心理意识并发表出来的网民上。当然,由于网络舆情主体的特殊技能性,因此也就不能将网络舆情等同于舆情,网民是公众的一个组成部分,网络舆情也是舆情的一个重要组成部分。

网络舆情主体——网民的特征直接影响着网络舆情的发展态势,因此研究网络舆情的主体网民对于研究网络舆情具有重要意义。中国互联网络信息中心(CNNIC)对网民的定义为:平均每周使用互联网至少一小时的中国公民。通过《第31次中国互联网络发展状况统计报告》显示截至2012年12月底的信息如下。

- 网民数量为 5.64 亿。
- 手机网民数量为 4.2 亿。
- 网民男女比例为 55.8：44.2。
- 网民 10～19 岁人群由 26.7% 下降至 24.0%。
- 网民 40 岁人群有不同程度的提升。
- 高中和大专以上学历网民占 53.5%。
- 网民地域,沿海地区、经济发达地区所占比重较大。

通过分析网民数量可以看出网民数量已经达到全国人口的 43%,也就是说网络舆情

11

在主体上已经占据了公众的 43%,具有一定的代表性,但要注意并不是全部,网络舆情不能代表全部舆情。通过分析网民的年龄可以看出网民主要以青少年和中青年为主,也就是 10~40 岁之间的人群较多,代表的人群具有一定的片面性,不是正态的人口比例。通过分析网民的受教育程度来看,普遍受教育程度比较高,对于将来的网络舆论引导具有一定意义。通过分析网民地域性可看出沿海地区、经济发达地区所占比重较大,说明网络舆情的地域性有所偏重,在网络舆情监控和引导上,此类地区更需要进行大量的投入。

## 1.2.2　网络舆情客体

狭义上讲舆情所涉及的事务为社会事务,而广义上讲舆情涉及的事务为所有事务,既包括社会事务也包括其他事务。这里讨论的主要是狭义的舆情,所以涉及的事务主要为社会事务。社会事务也称做公共事务。公共事务从广义上看,被定义为组织的所有非商业化行为;从狭义上说,公共事务指的是组织涉及的政治活动及其与政府的关系。

公共事务的主要内容包括以下几种。

- 与政府的关系,包括与各级政府的关系。
- 政治行动,包括加入政治行动委员会、政治教育、基层性团体活动。
- 企业责任,包括社区关系、慈善活动、社会责任活动、志愿行动。
- 议题管理。
- 传播沟通,包括信息发布、媒介关系。
- 国际事务,包括政治风险评估、监测国际社会政治发展。

在信息化、网络化的时代背景下,人们的生存空间都在不断地扩大,人们的社会交往和联系也不断延伸,社会矛盾也就越来越复杂。这些矛盾的出现、激化、调整和转化等变化情况,都有可能刺激民众的舆情产生。网络舆情是现实社会的舆情信息在网络上的体现,网络舆情同样受社会矛盾的影响而出现、转化。

社会事务引发的矛盾是引发舆情产生的重要原因,社会事务也是网络舆情的重要构成因素,因此要想控制、引导舆情的发展走向,可以调节社会事务发生的社会矛盾,从而控制、引导相应的舆情。

## 1.2.3　网络舆情心理意识

通过社会事务刺激公众,公众就会有相应的心理反应,形成相应的情绪、态度、意见和见解等各种心理意识,这些心理意识的出现也就造成了舆情的出现,再将此心理意识通过网络进行传播、转载,也就形成了网络舆情。公众的心理意识也是网络舆情的要素之一,没有心理反应也就没有舆情的出现。

网络舆情的心理意识是受外部刺激产生的意识,当然也可以通过其他的刺激信息来改变公众原有的心理意识,通过原有刺激信息的改变而改变主体的心理意识。在舆情监控和引导过程中,利用其他的刺激信息改变舆情的走向也是常用的方法。例如:可以公布公共事务的真实内幕,让真相大白于天下,让受蒙蔽的公众认清事务的本质,从而改变公众原有的心理意识。

### 1.2.4　网络舆情载体

网络舆情必须以网络作为信息传播的载体,通过网络将信息传递给网民,网民接收信息形成相应的刺激元素,产生网民的心理意识,再通过网络进行传递,形成相应的网络舆情。网络舆情形成的诸多环节都离不开网络的存在,没有了网络也就没有了网络舆情存在的载体,也就没有网络舆情的存在。

目前,网络技术的应用不再局限于计算机互联网,移动互联网的普及更加促进了网络舆情的发生。公众可以利用移动互联网随时进行拍摄图像、录制声音和录像等活动,并快速传递到互联网中,刺激网民形成舆情。可以说网络载体是网络舆情的必备要素之一。

## 1.3　网络舆情的特点归纳

网络舆情是网络上的舆情体现,因此网络舆情既有舆情内容杂、波动大、受众广的特点,也有因网络存在而特有的参与性强、自由度高、隐蔽性大、实时性快等特点。分析网络舆情的特点必须从舆情特点和网络特点两个方面进行,完整地归纳出网络舆情的特点。

### 1. 受众性广

随着网络应用技术的普及,尤其是移动互联网应用的普及,网络的使用者越来越多。通过前面的网民数据分析,现有全国人口的 43% 都在使用网络,无论是城市还是农村都有网民存在。网络应用的简单灵活也促进了网民对其的应用,网络不再是高学历人所拥有的专利,每一个人都可以通过简单学习,迅速上手。移动网络的发展也促进了网民对其的应用,网民不再单独以计算机上网为途径,还通过手机、移动接入设备,迅速上网,参与自己喜欢的网络活动。网络舆情由于网络的发展已经异军突起。

### 2. 参与性强

由于网络软件的多样性、灵活性,备受网民青睐。网民通过官方网站主页可以迅速获取时事新闻,同时可以对新闻发表自己的观点;通过网络论坛更是可以畅所欲言,随时发表个人的观点和意见;通过即时聊天工具可以形成小范围的群体圈,在里面实时聊天;通过电子邮件也可以远程传信,表达自己的意见和观点;还可以通过微信实时抓拍、实时点评。各种网络工具的普及为舆情传播提供了便利的条件,对舆情的参与起到了重要作用。

### 3. 自由度高

由于网络使用灵活方便,所以网络使用者可以自由上网,获取想要的东西,也可以对公共事务进行相应的评论,发表自己的观点意见,体现出网络自由度较高的一面。当然这种自由也不是无条件的自由,不要以为在网络上可以肆无忌惮地攻击、诋毁、污蔑他人,也不要以为在网络上诈骗、盗窃没有人管理,网络上的自由是受保护的自由,在不违背法律的情况下可以自由使用。

### 4. 相对隐蔽性

网络的信息传递是在虚拟的世界中进行的,信息的阅读者并不知道远方的聊天者究竟是谁,也不必询问其真实姓名,更不会知道对方的性别、职业等个人信息,除非对方愿意让你知道。网络的隐蔽性体现在使用者面对的只是一台机器,只不过这台机器的另一端是由素不相识的人在使用。网络舆情的传递也是相对隐蔽的,不必在意信息的编写者究竟是谁,只要愿意阅读就可以了。当然这种隐蔽也是相对的,并不是完全地踏雪无痕,只要应用网络就会留有相应的痕迹,但这些痕迹通常只能由司法机关进行调用,以此来维护网络的安全秩序。

### 5. 情绪波动性

网络舆情的情绪波动性较大,主要原因为网络舆情是各种网民心理意识的汇合体,一旦多数网民形成舆论气候,个体往往会受其干扰和影响,改变原来持有的态度。尤其是网络信息的实时性较快,一旦新的政务信息、新闻信息、评论信息出现,很有可能会改变原来持有的观念和态度。因此,网络舆情受其信源、舆论、环境等诸多因素的影响,也极易具有波动性,转变原来的舆论方向。

### 6. 实时性快

传统的媒体传播途径主要有报纸、广播、电视,这些传媒途径传播信息广,覆盖面积大,能够波及现在的每一个公众,因此舆情涉及范围广泛,不像古代通信比较闭塞,不能快速地将信息传递出去。传统的报纸、广播、电视媒体都是单向传递信息的,必须进行印刷、广播才能获取舆情信息,由媒体将信息传递给大众。而网络舆情则不然,可以进行实时信息采集,实时信息传播,网民获取信息之后可以立即传播舆情信息,实时性是传统媒体远远所不能及的。网络舆情的传播可以说"谈笑间传到大江南北"。

### 7. 内容性杂

网络舆情由于是网民对关注的社会事务所引发的心理意识,由于社会事务种类繁多,网络舆情涉及的内容也是错综复杂的。随着当前关注的社会事务的改变而改变,随着社会发生的事件的改变而改变,随着时代的变迁而变化。例如:随着神舟十号卫星的顺利升空,网络舆情就会相继出现神舟十号的有关舆情。网络舆情由于舆情的关注点较多,故其所涉及的内容也是包罗万象的。

## 1.4 网络舆情的传播途径

网络舆情的传播途径主要由使用的网络工具所决定,网络信息传播的主要工具有网络论坛、电子邮件、即时聊天、新闻跟帖、新闻组、博客、微博等。研究网络舆情的传播途径,可以更好地了解网络舆情,获取网络舆情,同时也可以对网络舆论进行相应的引导。

### 1.4.1 网络论坛

网络论坛也称为电子公告板,是互联网上的一种电子信息服务系统。它提供一块公共电子白板,每个用户都可以在上面书写,可以发布任何自己想传递的信息。由于网络论坛的交互性强、内容丰富,使其成为目前网民参与讨论、表达意见最主要的场所。

网络论坛之中设有各种栏目版块,用户可以根据自己的需要进入相应的讨论区。在讨论区中有用户发表的议题、文章等信息,可以查看他人的评论内容,也可以自拟议题或对议题发表言论见解。在网络论坛中通常设有版主,版主对论坛内容进行把关,防止不符合要求的议题或回帖出现,以保持网络论坛的正常秩序。

网络论坛由于具有较高的自由度,往往成为网络舆情的主阵地。网站管理员通常按照开设论坛的目的设置不同的版块栏目,要想获取内容不同的网络论坛舆情,就必须进入对应的论坛版块,根据议题了解大概内容,通过观察议题的点击率、回帖率、转载率、支持率可以分析出议题的热度情况,即分析出该议题是否为网民所关注。

通过分析网络论坛的热点议题能够分析出目前网民关注的内容,通过分析具体的议题内容可以归纳出网民主要的观念、态度和意见。热点议题是网民对现实社会关注点情况的缩影,能够代表多数网民的心理意识,是体察网络舆情的主要途径。

## 1.4.2　即时聊天

即时聊天工具是指通过特定软件与网络上的其他同类伙伴就某些共同感兴趣的话题进行讨论的工具。即时聊天是在互联网上实现的一对一、一对多、多对多的文字、图像、声音、视频等的交流方式,是目前网络中最受使用者欢迎的一种网络服务。由于可以方便地发表自己的观点和意见,即时聊天也就成为了网络舆情的传播渠道之一。

即时聊天中的群聊又分为聊天室和聊天群两种形式。聊天室往往被划分为若干个聊天主题,网民可以根据自己感兴趣的内容进入相应的聊天室。聊天室中的内容开放、话题琐碎,网民可以随时在聊天室中发表言论,谈话的主题也是不断变化的,由于聊天者人数众多,往往很难达成主题一致,这也正好体现了网络舆情中网民各抒己见的特点。

聊天群往往是根据成员相同关注点或现实生活关系圈形成的网络聊天群体。聊天群中往往议题比较固定,内容比较专一。活跃的聊天群往往讨论的也是其关注的内容,分析聊天群的内容,也能够分析出该群的主要关注点和相应的意见态度。

## 1.4.3　电子邮件

电子邮件是一种通过网络实现相互传送和接收信息的通信方式。电子邮件又称电子信箱、电子邮政,它是一种利用电子手段提供信息交换的通信方式,是互联网应用最广的服务之一。通过网络的电子邮件系统,用户可以以非常快速的方式,与世界上任何一个角落的用户进行联系,这些电子邮件可以是文字、图像、声音、视频等各种形式。

电子邮件从用户角度来说属于点对点的信息不公开传递,信息比较安全可靠,往往应用于网民与网民之间的离线信息传递。通常电子邮件传递的信息容量往往比较大,涉及的信息内容往往比较隐蔽。有时利用电子邮件传递的舆情信息,往往为比较涉密的不宜公开的舆情信息。

## 1.4.4　新闻跟帖

新闻跟帖是网民对新近发生的网上新闻事件所跟随发表的言论。在网络新闻里,为了能够让读者参与新闻的评论,往往可以对新闻进行跟帖评论,网民可以自由发表个人的意见观念,从而形成网上新闻特有的网民跟帖信息。

通过新闻跟帖可以观察新闻的热度和新闻的排行情况,也可以了解由新闻报道所激发的网络舆情的动态信息,以此来体现出现实社会动态的晴雨表。同时可以进行新闻评论,制订相应的舆情引导计划,影响网络舆情的发展方向。

### 1.4.5 新闻组

新闻组是网民向新闻服务器所投递的邮件的集合。新闻组简单地说就是一个基于网络的计算机组合,这些计算机被称为新闻服务器,不同的用户通过一些软件可连接到新闻服务器上,阅读其他人的消息并参与讨论。新闻组是一个完全交互式的超级电子论坛,是任何一个网络用户都能进行相互交流的工具。

新闻组大多具有共同的新闻主题,使关注该类新闻的人员加入新闻组,在上线的时候将网民发表的新闻评论下载下来,进行浏览观看。新闻组相当于电子邮件与网络论坛的综合体,用户可以参与新闻评论,也可以发送离线信息。

### 1.4.6 博客

博客又称为网络日志,是一种通常由个人管理、不定期张贴新文章的网站。博客上的文章通常根据张贴时间,以倒序方式由新到旧排列。许多博客专注在特定的内容上提供评论或新闻,被视为比较个性化的网络公开日记。典型的博客往往结合了文字、图像、其他博客或网站的链接及其他与主题相关的媒体,并且能够让读者以互动的方式留下意见。

热点博客的主人往往是关注某项内容的专家,对关注内容具有相当深入的研究。好的博客往往是关注内容的网络舆情的意见汇总地,通过认真分析能够得到关注内容舆情动态信息。

### 1.4.7 微博

微博是微博客的简称,是一个基于用户关系信息分享、传播以及获取平台,用户可以通过 Web、WAP 等各种客户端组建个人社区,以 140 字左右的文字更新信息,并实现即时分享。

从某种意义上来看,微博技术打破了网络上某些人垄断信息发布、更新与维护工作的局面,体现了信息自由共享与分权的理念。微博与博客相比,微博更强调多人协作,更多人可以成为新闻的发布者与加工者。从而为新闻报道人少事多的现象填补了空白,丰富了新闻内容。与此同时,微博也是个人发表意见观念的渠道,对新闻内容的发表往往具有个人的观念色彩,影响着网络舆情的发展方向。

## 1.5 网络舆情的现实根源

对网络舆情涉及的现实根源的分析,有利于从根本上解决网络舆情所引发的社会问题,促使网络舆情形成的公共事务公开、透明,更加有利于网络舆情的监控和引导。

## 1.5.1　贫富差距的加大

改革开放以来,中国取得了举世瞩目的成就,GDP 保持快速增长,社会生产力、国家综合实力逐渐增强,社会总财富不断增加,人民生活水平得到了不同程度的提高。

但是,随着经济的高速发展,由于各种复杂的原因,收入分配的贫富差距总体上呈扩大的态势。根据国家统计局数据统计结果,1978 年至 2004 年,我国城镇居民收入的基尼系数由 0.16 扩大到 0.34,说明我国城镇居民收入分配不平等程度扩大了 112.5%;农村居民收入的基尼系数由 0.212 扩大到 0.369,说明我国农村居民收入分配不平等程度扩大了 73%;而全国居民收入的基尼系数已从改革开放时的不足 0.3 上升到 0.417,突破了 0.4 这一国际常用的警戒线[①]。这些数字充分显示了中国贫富不均的严重程度,也显示出中国经济高速增长的成果未被社会各阶层所共享,大部分财富被少数人所拥有。

贫富差距问题是影响公众心理稳定的重要根源之一,容易使公众产生对社会的不满情绪。人们普遍关注贫富差距,多数人心理上认为或认同我国的贫富差距已经过大,相当多的人认为贫富差距拉大的原因是不合理、不公平的,同时对富人的态度比较消极或否定,认为政府有责任减少贫富差距。由贫富差距滋生出不满情绪,在网络舆情中经常发生,这些舆情容易引发公众的心理失衡和不稳定,从而影响社会秩序,诱发违法犯罪活动,危害人民的生命财产安全,恶化社会治安形势。

## 1.5.2　生存压力的增加

生存的权利是人类的基本权利,生存的权利如果被剥夺意味着人的生命将结束。生存压力的增加,同样影响着人民的身心健康。随着经济的飞速发展,我国各阶层的生活水平都得到了不同程度的提高,然而生活在现代社会中的人们总是感觉到压力的存在,社会不同阶层有着不同的压力,不同行业有着不同行业的压力。

对城市人口而言,面临的主要生存危机是虽然生活在城市之中,却没有固定的职业,无固定的收入,甚至没有多少收入,即便有了工作也有可能面临着下岗的危险;虽然生活在城市中却面临着求医看病之苦,没有足够的医疗保障,无法面对高额的医药费用;虽然生长在城市中却面对着不同的教育水平。城市居民有时可能生活得还不如农村居民的生活。

农村人口虽说没有城市人口面临的现实生存压力,但从长远来看压力更大,没有城市低保,没有养老保险等。社会的竞争,应有保障的缺失,无法满足人们的现实需要,也就形成了各种不满情绪,这些情绪在网络中时有出现,国家应对网络舆情的出现给予关注。生存压力的增强容易引发各种社会问题。例如:富士康跳楼事件的出现引起了网络舆情的爆发,使公众对社会产生了不满情绪。农民工讨薪开胸验肺事件引发了公众对生存权利的探讨。

生存权利是人类的基本权利,生存压力的增加必定激发相应的舆情,从而汇集产生舆论,只有给予足够的重视,才能使舆情得到平息,才能维持社会的安全与稳定。

---

① 　汝信. 2007 年中国社会形势分析与预测. 北京:社会科学文献出版社,2006.

### 1.5.3　安全事件的频发

经济的快速发展,给国家和社会带来了财富,提高了人们的生活水平。但与此同时,也引起了社会安全事件的发生,影响了人们正常的生活秩序,给人们带来了一定的痛苦。安全事件的发生也刺激了公众对公共事务的重新思考,寻找安全事件发生的原因,质疑相应的职能管理部门的缺失,产生对社会运行机制的怀疑,影响社会的安全稳定。

近年来,频发的安全事件主要有食品安全事件、矿难安全事件、交通安全事件等。自2004年以后,我国先后出现了一些重大的食品安全问题,引起了人们的极大关注,激发了网络舆情的迅速爆发。例如:2004年发生了阜阳奶粉事件、2005年发生了苏丹红事件、2008年发生了三鹿奶粉事件、2013年又引发了镉大米事件。每一起食品安全事件的发生,网民都会有感而发,都会出现相应的网络舆情。同时安全生产事件也时有发生,山西矿难事件的频发,引起了政府机关的高度重视;吉林的工厂爆炸事件也促使了政府官员的集体道歉;震惊中外的温州高铁事件也引发了国家机关的责任追查。

安全事件的发生通常都会引起网络舆情的发生,关注安全事件本事,也要关注网络舆情的发生,分析网络舆情体察社情民意。

### 1.5.4　不当政策的出台

公共政策是政府为了解决和处理公共问题、实现公共目标、维护公共利益,在管理社会公共事务、对社会利益进行协调和分配的政治过程中所发展出来的原则、方针、策略、措施和办法等[1]。由此可见,制定和实施公共政策的目的主要是解决公共问题和满足公共需要,为公众提供社会服务。然而并不是所有公共政策都能达到预期目标的,有时甚至会适得其反,因此不当政策的出现会直接激发网民的热议,形成网络舆情。

现实中,有些公共政策在制定和执行中会或多或少地偏离公共利益这一目标,使政府的政策与行为远离民众,导致民众对政府的信任危机。例如:近些年来我国持续针对房产出台政策,"国五条"、"国十条"等房地产政策的出台,不但没有控制住房价,反而使房价越调越高,使民众丧失了对政府房屋调控能力的信心。一些法律、法规、政策的出台和实施往往是公众关注的焦点,网络上也必然会出现大量的舆情,作为舆情研究者和工作者应该给予足够的重视。

### 1.5.5　贪污腐败的曝光

贪污腐败一直是历朝历代民众最为关注的问题之一,也是国内外需要治理的国家顽症。面对腐败的滋生和蔓延现象,应该始终保持清醒的认识,认识贪污腐败现象所带来的严重危害,针对贪污腐败现象进行客观的评估,拿出正确的措施,加强打击和廉政建设,保证社会主义的顺利建设。

对于贪污腐败现象,网民也有自己的反腐方法和渠道,对于社会上出现的腐败现象,网民可以通过网络进行人肉搜索、刨根问底,尽可能地挖掘出贪污腐败的痕迹线索。例

---

[1]　周建瑜.四大冲突:政策偏离公共性的主要原因.中共四川省委省级机关党校学报,2006(3).

如：2008 年南京市江宁区房产局局长周久耕事件,网络舆情的出现,引起了网民对其进行人肉搜索,最终导致周久耕判刑入狱。网络舆情不再是玩笑舆情,是能够形成社会监督的舆情,它能约束人们的行为举止,制约贪官污吏的行为。

## 1.6　网络舆情的诱因分析

舆情从形成上来看主要是所关注的社会事务的发生,触动了公众的内心,产生了公众对社会事务的情绪、态度、意见等心理意识。而网络舆情也同样是由社会事务的发生而发展的,但在网络上体现出来的影响网络舆情的因素却是多种多样的,舆情可能是没有公开的情绪内容,而网络舆情则是通过网络表白出来的信息,研究诱发网络舆情呈现出来的原因有利于对网络舆情的管理和引导。

### 1.6.1　社会事务的关注

网络舆情是由于网民对社会事务的关注而形成的,离开了网民对事务的关注也就没有了刺激因素,也就不可能形成网络舆情。网络舆情的形成一定是网民所关注的信息内容,同时由于网络信息发布的便利性和对社会事务的高度关注,诱发了网民将其个人的情绪、态度、意见和见解发布到网络之上。因此,在网络上应尽可能多地搜集网民的舆情信息,这将更加有利于舆情的分析与研究,乃至在实际工作中的分析研判、编报、控制与引导。

### 1.6.2　发表言论的方便

由于网络技术的飞速发展,使得互联网应用越来越普及。加之网络工具应用的简单化和网民素质的不断提高,网络信息发布技术不再是什么难点。无论高官显贵还是平民百姓都可以使用互联网,无论是满腹经纶的智者还是才疏学浅的贫民都可使用互联网,从而形成了数量庞大的网民,网络舆情的影响也就相对增加了。人数的增加和信息发布的便利对网络舆情的诱发起到了促进作用,网络舆情不再是单纯地被决策者浏览,而是使众人皆知,形成舆论压力,让舆情朝着发布者希望的方向发展。

### 1.6.3　发布者的隐匿性

网络信息发布的诱因还有发布者的信息隐匿性,信息发布者不用注册就能发布信息,有的注册信息也都是胡编乱造的,没有经过核实就允许注册用户发布信息。因而使得信息发布者产生了隐藏自己的感觉,进而产生不必为信息发布承担责任的意识。主观上的隐藏意识壮大了发布者的胆量,也就进一步诱发了网络信息的发布,从而造成更加容易形成网络舆情,网络舆情的研究也就更有价值。

### 1.6.4　信息传播的快速性

网络上的信息一经发布便天下皆知,网络信息传播的快速性也是诱发网络舆情发布的原因之一。很多社会事务关注者希望个人的观念和见解能够快速地传遍天下,希望路人皆知,使自己的观念形成一种气候,影响相应的执政者,使社会事务朝着自己有利的方向发展。

### 1.6.5  网络信息受众广泛

由于网络传播速度快、参与人数多,也会促使信息的发布者选择网络作为发布信息的渠道,从而达到更多人获知发布者思想意识的目的,俗话说"人多力量大",发布者就是利用网民的数量和信息发布渠道的便捷,扩大了自己的观念的影响。

### 1.6.6  网络舆情关注度高

网络舆情由于受众广、传播快,也就相对地扩大了影响,使其更容易引起执政者的关注,更容易引起网民乃至社会公众的注意,由此也就会进一步促进舆情发布者发布信息的行为,形成相应的网络舆情。

# 习  题  1

① 舆情的概念及其特点是什么?

② 舆情与舆论的区别和联系有哪些?

③ 舆情与牢骚的区别和联系有哪些?

④ 舆情与民意的区别和联系有哪些?

⑤ 舆情与情报的区别和联系有哪些?

⑥ 舆情与恶搞的区别和联系有哪些?

⑦ 网络舆情的概念是什么?

⑧ 舆情信息与政务信息的联系是什么?

⑨ 舆情信息与新闻信息的联系是什么?

⑩ 舆情信息与宣传信息的联系是什么?

⑪ 网络舆情的构成要素有哪些?哪些要素可以进行网络舆情导控?

⑫ 网络舆情有哪些特点?

⑬ 网络舆情的传播途径主要有哪些?

⑭ 网络舆情的现实根源包括哪些?

⑮ 网络舆情的诱因分析有哪些?

# 第 2 章　网络舆情监控

**教学目的**

① 掌握网络舆情监控的概念；

② 明确网络舆情监控工作者的素质；

③ 明确网络舆情监控的客体；

④ 了解网络舆情监控的意义；

⑤ 掌握网络舆情监控的主要依据；

⑥ 掌握网络舆情监控工作的基本原则和流程。

现实社会发生的各种事件都会在网络上有所体现，网络舆情已经变成现实社会的"晴雨表"。通过对网络舆情的分析，能够观察出现实社会中的社情民意，也能够预测出舆情未来的发展方向、苗头、迹象，从而尽早地制定出针对性对策，对网络舆情进行相应的监控和引导，防止网络舆情在现实社会中爆发，减少其对现实社会的破坏，促进社会和谐稳定地发展。

## 2.1　网络舆情监控的概念

网络舆情监控是网络舆情引起的延伸工作，是通过对网上信息进行浏览、搜索、查找等，监视和搜集互联网上的公共信息，对其进行鉴别、筛选，对关注的舆情信息进行汇总、分析、研判，并采取监控、引导、干扰等措施，维护现实社会的和谐稳定发展。做好网络舆情信息的监控工作，除了掌握网络舆情信息监控的概念及其基本规律外，同时也要把握网络舆情监控与舆情信息的递进式传递关系，只有这样，才能在实际工作中做到心中有数，有的放矢。

网络舆情监控工作是由多种职能部门共同协作完成的，因职能部门的具体业务不同而使得监控重点也有所不同。就宣传思想战线工作领域而言，网络舆情监控是指网络舆情信息工作部门和舆情信息工作者立足于服务大局、服务决策，在意识形态领域内，围绕特定社会事件引发的相关舆情，通过搜集、处理、整理、上报、反馈舆情信息过程中所进行的直接相关的一系列有组织、有计划的活动[①]。而公安机关则要求及时掌握网上敌对势力的动态，党和国家重大政治活动的网上反应，严重影响国家安全、社会稳定的网上动态

---

[①]　张兆辉,郭子建.舆情信息工作理论与实务.沈阳:辽宁大学出版社,2006:159.

反应,遏制网上恶意炒作,掌握特定组织、人员的网上活动情况,为领导决策提供参考。

网络舆情监控的主体是网络舆情监控的启动者和实施者,是指具体负责舆情信息工作的单位部门,也是指具体的舆情监控工作者。网络舆情监控的主体在舆情信息工作中始终处于重要地位,他们的素质直接关系到网络舆情的监控效果。

网络舆情监控者要具有政治立场坚定,在思想上、政治上、行动上要与党中央保持高度一致;宗旨信念坚定,具有远大的共产主义理想,以全心全意为人民服务的宗旨,密切联系群众,坚决维护人民群众的利益;牢固树立政权意识、宗旨意识、创新意识、实干意识,永远忠于党、忠于祖国、忠于人民、忠于法律;遵纪守法,保持清正廉洁,发扬艰苦奋斗精神,自觉拒腐防变,坚决抵制腐败消极现象;解放思想,实事求是,一切从实际出发,善于开拓进取,具有辩证唯物主义的思想方法和工作方法。

网络舆情监控者在业务素质上要具有熟练应用互联网各种服务的能力;具备较强的舆情识别意识;具备较强的综合研判分析能力以及文字编辑能力;具有网络沟通能力。

网络舆情监控的客体是指网络上的舆情信息工作者和决策者。通过网络舆情工作者对舆情信息的搜集、筛选、分析、研判、编报,将舆情分析结果上报给决策者,对其提供舆情信息服务。网络舆情监控决策者主要包括部门领导、相关同级职能部门、上级党委及其决策者。网络舆情监控的好与坏直接取决于决策者对网络舆情监控的意见态度和相关职能部门在具体活动中是否采纳舆情监控者的意见。网络舆情监控的另一个客体为网络上的舆情信息,该客体随舆情监控者和现实社会事务的发生、转变而相应变化,网络舆情的疏导在多方合力之下共同完成。

## 2.2　网络舆情监控的意义

网络舆情监控从全局出发,有利于及时了解社情民意、准确把握社会动态、维护社会安全稳定,有效防范社会风险、积极化解社会矛盾,促进社会主义和谐社会的建设和国家的安全稳定。

### 2.2.1　社会动态的晴雨表

网络舆情是社会生活的"晴雨表",民众对社会矛盾、社会问题、社会事件的各种态度和意见都会在网络上有所体现。准确把握社会心态,有效化解心里的矛盾和问题,防止事件的爆发,必须借助于网络舆情了解社会动态。通过网络舆情了解社会的不稳定因素所在,了解各种可能危害社会秩序、影响社会稳定的因素。当网络舆情中出现不稳定因素时,应立即给予关注并跟踪搜集舆情信息,尽早分析出事件的苗头、迹象和规律,引导舆论的发展,防止事件的爆发。

### 2.2.2　社会矛盾的展示台

网络舆情同样也是社会矛盾的展示台,通过网络舆情掌握社会矛盾的主要内容,社会矛盾一旦出现,应该尽早地进行安全部署,控制社会矛盾的进一步发生,尽可能减少造成的损失。例如：通过网络舆情能够掌握某地的征地拆迁引发的社会矛盾,为了防止矛盾的爆发,要尽早地进行疏导、化解,尽早地布防控制。

### 2.2.3 服务社会的吸金石

网络舆情是社会矛盾的展示台,也是化解矛盾、服务社会的吸金石。通过网络舆情掌握社会矛盾,对舆情进行认真分析梳理,寻找化解矛盾的良药,避免社会矛盾的进一步扩大。例如：某地因为新盖楼盘的学区问题造成民众屡屡上访,甚至发生堵路妨碍交通的事件,给社会带来了不稳定因素。相关职能部门的介入,提高了职能服务意识,化解了社会矛盾,恢复了社会秩序。

### 2.2.4 意见反馈的主渠道

通过网络舆情意见反馈可以获取民众的真实需求,了解网民的内心意愿。例如：2009 年网络舆情中时而出现被拐卖妇女儿童的信息,舆情信息越来越多,公安机关根据民众的呼声,因势利导,开展了打击拐卖妇女儿童专项行动。要想掌握民众的疾苦和意愿,必须畅通网络舆情渠道,分析舆情信息,而不是千篇一律地删除、封堵。

### 2.2.5 维护稳定的安全门

通过网络舆情监控同样能够掌握网上的敌情,防止通过网络渗透,破坏社会秩序,影响社会的安全与稳定。例如：近几年来,藏区偶尔会发生教徒的自焚事件,并且迅速在境内外网站上进行传递,刺激极端分子和人民群众的心灵。通过网络舆情分析,寻找舆情的发起人,确定信息来源,最终确定为境内外勾连,引诱教徒导致自焚事件,他们的真正意图是搞民族分裂、藏区独立。

### 2.2.6 事件变化的导火索

随着网络舆情信息的出现,现实社会事件的发生、变化有时也会受到网络舆情的引导,通过对网络舆情的监控和引导,也能改变原来事件的发展方向,影响事物原来的运行轨迹。例如：2008 年 4 月,武汉出现了家乐福中国国旗降半旗事件,此事在网络上出现以后,立即引起了网民的热议,相继出现网民倡导抵制家乐福事件。一些看似不经意的小事经过网络的传播之后,有可能会引起重大事件的爆发。

### 2.2.7 舆情导控的必经之路

网络舆情监控也是网络舆情引导的必经之路,通过网络传播的舆情同样也需要通过网络进行引导,网民们通过网络获知信息,同样也需要通过网络消除信息的影响。例如：2013 年 5 月北京京温服装城发生了女子坠楼事件,事件发生后有人在网上传播"女孩并非自杀"的虚假信息,一时之间网络舆情席卷全国,最终发生了聚众事件。利用网络传播虚假信息,北京警方同样利用网络微博公布事实真相,避免了虚假信息的进一步传播。

## 2.3 网络舆情监控的依据

网络舆情监控的主要依据为国家的法律、法规和各级职能部门相应的规章制度,具体内容如下。

**1.《计算机信息网络国际联网安全保护管理办法》**

第五条　任何单位和个人不得利用国际联网制作、复制、查阅和传播下列信息。

① 煽动抗拒、破坏宪法和法律、行政法规实施的;

② 煽动颠覆国家政权,推翻社会主义制度的;

③ 煽动分裂国家、破坏国家统一的;

④ 煽动民族仇恨、民族歧视,破坏民族团结的;

⑤ 捏造或者歪曲事实,散布谣言,扰乱社会秩序的;

⑥ 宣扬封建迷信、淫秽、色情、赌博、暴力、凶杀、恐怖,教唆犯罪的;

⑦ 公然侮辱他人或者捏造事实诽谤他人的;

⑧ 损害国家机关信誉的;

⑨ 其他违反宪法和法律、行政法规的行为。

**2.《互联网信息服务管理办法》**

第十五条　互联网信息服务提供者不得制作、复制、发布、传播含有下列内容的信息。

① 反对宪法所确定的基本原则的;

② 危害国家安全,泄露国家秘密,颠覆国家政权,破坏国家统一的;

③ 损害国家荣誉和利益的;

④ 煽动民族仇恨、民族歧视,破坏民族团结的;

⑤ 破坏国家宗教政策,宣扬邪教和封建迷信的;

⑥ 散布谣言,扰乱社会秩序,破坏社会稳定的;

⑦ 散布淫秽、色情、赌博、暴力、凶杀、恐怖或者教唆犯罪的;

⑧ 侮辱或者诽谤他人,侵害他人合法权益的;

⑨ 含有法律、行政法规禁止的其他内容的行为。

**3.《中华人民共和国计算机信息网络国际联网管理暂行规定》**

第十三条　从事国际联网业务的单位和个人,应当遵守国家有关法律、行政法规,严格执行安全保密制度,不得利用国际联网从事危害国家安全、泄露国家秘密等违法犯罪活动,不得制作、查阅、复制和传播妨碍社会治安和淫秽色情等的信息。

**4.《互联网新闻信息服务管理规定》**

第十九条　互联网新闻信息服务单位登载、发送的新闻信息或者提供的时政类电子公告服务,不得含有下列内容。

① 违反宪法确定的基本原则的;

② 危害国家安全,泄露国家秘密,颠覆国家政权,破坏国家统一的;

③ 损害国家荣誉和利益的;

④ 煽动民族仇恨、民族歧视,破坏民族团结的;

⑤ 破坏国家宗教政策,宣扬邪教和封建迷信的;

⑥ 散布谣言,扰乱社会秩序,破坏社会稳定的;

⑦ 散布淫秽、色情、赌博、暴力、恐怖信息或者教唆犯罪的;

⑧ 侮辱或者诽谤他人,侵害他人合法权益的;

⑨ 煽动非法集会、结社、游行、示威、聚众扰乱社会秩序的;

⑩ 以非法民间组织名义活动的;

⑪ 含有法律、行政法规禁止的其他内容的行为。

## 2.4 网络舆情监控的原则

网络舆情监控工作的基本原则是指网络舆情信息工作者在网络舆情监控过程中所应该具有的指导性原则。它是网络舆情信息工作者必须遵循的方法准则,也是网络舆情监控工作的保障。网络舆情信息监控的基本原则有如下几个方面。

(1) 及时性原则

由于网络舆情是以互联网为载体的网民心理意识,传播速度之快是传统媒体无法比拟的。如果不及时加以控制,等到网络舆情爆发之时,引起的社会事件将会更加难以控制。网络舆情是以网络为载体的信息内容,由于网民参与的数量众多,舆情随时都有变化的可能,如果不及时进行搜集、分析、编报,网络舆情监控将会失去最佳战机,失去应用价值的网络舆情毫无意义。

(2) 预测性原则

网络舆情监控工作是通过搜集舆情信息,分析舆情信息中隐藏的规律性、苗头性、倾向性内容,预测未来的发展趋势,提出相应的意见对策,给领导决策提供重要的参考材料。在网络舆情监控工作过程中如果失去了预测性的内容,领导决策就没有参考价值了,也就失去了网络舆情信息监控工作的意义。

(3) 目的性原则

网络舆情监控在一定时期内,具有特定的工作重点和特定的工作任务,这种特定性也就成了网络舆情监控的近期目标、工作任务。对于不同的业务机构、不同时期的网络舆情监控任务有所不同,公安机关在特定时期有专项行动,宣传机构在特定时期有监控的重点,舆情监控都是在特定时期围绕具体业务开展的。

(4) 实事求是原则

根据网络舆情监控的目的性要求,及时处置网络舆情,预测网络舆情的发展趋势,都要遵守实事求是的原则。网络舆情的预测要根据实际网络舆情进行分析判断,不能凭空瞎想,更不能为了迎合领导的主观意识进行胡编乱造,必须遵守实事求是的原则。网络舆情监控目标的制定也要根据实际情况进行,一切工作都要从实际情况出发。

## 2.5　网络舆情监控的流程

按照网络舆情监控的原则,根据网络舆情监控的流程,有条不紊地开展网络舆情监控工作。网络舆情监控的流程如下。

### 2.5.1　网络舆情信息的搜集

网络舆情信息搜集是网络舆情监控开始的工作,是后续工作的基础和前提。网络舆情工作者利用技术搜集或人工浏览的方式,对网络上公开的信息或隐蔽的信息,根据网络舆情信息要素按照有关的规定进行搜集;针对网络舆情信息内容所反映的事实,通过一定的机制、渠道,对事实真相进行核对、调查,对网络舆情信息进行初步的判定;并将搜集到的网络舆情信息从网站、网页上复制、下载、存储到专门的存储空间,为后期的网络舆情信息分析和网络舆情信息编报提供基础信息服务。

### 2.5.2　网络舆情信息的分析

网络舆情信息分析是网络舆情监控工作中最为关键的过程,舆情分析的好坏直接关系到舆情监控工作的成败。网络舆情工作者对各种不同渠道搜集到的舆情信息,进行鉴别真伪、判断关联、分类统计等处理;通过初步判断之后,利用多种舆情信息分析方法,发现网络舆情信息中蕴藏的倾向性、苗头性、规律性信息,预测舆情的发展趋势;通过判断分析,提出有针对性的可行性对策建议,为领导决策提供有价值的参考依据。

### 2.5.3　网络舆情信息的编报

网络舆情信息编报是网络舆情监控工作中最为重要的过程,网络舆情的重要性主要是通过舆情编报体现出来的。网络舆情工作者首先要进行网络舆情选题,确立编报主题,围绕主题进行材料筛选,归纳各方的意见态度,按照对应编辑刊物的格式要求,编写网络舆情文稿,进行文稿审查核对,将编写完成的符合要求的文稿上报给领导,为领导决策服务,同时送达给业务部门,为工作部署服务。

### 2.5.4　网络舆论的引导

网络舆论引导是指将网民的意见态度引导到正确的发展道路上来,减少有害舆论所带来的损失,预防事件的发生。网络舆论引导是通过对网民的说服教育,使网络舆论朝着引导的方向发展。通过行政管理,利用技术方法对网上的有害信息进行删除、过滤、封堵等处理,防止有害信息的传播。

# 习　题　2

① 网络舆情监控的概念是什么？

② 网络舆情监控工作者应具备哪些业务素质与思想素质？

③ 网络舆情监控的客体是什么？

④ 网络舆情监控的意义是什么？

⑤ 网络舆情监控的主要依据有哪些？

⑥ 网络舆情监控的基本原则是什么？

⑦ 网络舆情监控的一般流程是什么？

# 第3章

# 网络舆情信息的搜集

**教学目的**

① 掌握网络舆情信息搜集的内容；

② 明确网络舆情信息搜集的要求；

③ 明确网络舆情信息搜集的范围；

④ 掌握网络舆情信息搜集的方法；

⑤ 掌握网络舆情信息搜集结果的处理方法。

　　网络舆情信息搜集是网络舆情监控工作的首要环节，网络舆情信息的分析、网络舆情信息的编报以及网络舆论的引导都要以网络舆情信息搜集为基础。网络舆情信息搜集首先要明确搜集的内容，在浩瀚的网络信息中搜集出想要的舆情信息；还要明确舆情信息的搜集范围，在搜集范围之内进行网络舆情搜集；网络舆情搜集还要掌握必要的信息搜集方法和技术，并将搜集到的网络舆情信息结果进行处理。

## 3.1　网络舆情信息搜集的内容

　　网络舆情是网民以互联网为载体对社会事务所表现出来的心理意识，网络舆情所表现出来的内容也就是网络舆情信息工作者所要搜集的信息。网络舆情信息搜集内容的确立是网络舆情信息搜集工作首先要解决的问题。网络舆情信息搜集内容设立得过窄会漏掉许多重要信息，过宽会使搜集到的冗余信息干扰网络舆情监控的后续工作。从工作的实际情况来看，网络舆情信息搜集的主要内容有如下几个方面。

### 3.1.1　重大决策、重大活动的网上舆情信息

　　党和国家各级政府机关重大决策、重大活动的网上舆情信息是网络舆情信息搜集的主要内容之一。党和国家重大决策、重大活动是民众最为关注的社会事务之一，也是网民发表个人观点涉及的重要内容之一。党和国家的重大决策、重大活动是决策者的政治价值取向，关系到国家的发展态势，关系到人民群众的工作生活，决策的效果如何不仅是决策者比较关心的，人民群众也十分关心。地方各级政府重大决策、重大活动的网上舆情信息也是地方舆情工作者搜集舆情信息的主要内容，地方政府的重大决策、重大活动关系到地方的未来发展，对地方群众的影响较大，因地方群众十分关心，在网络上就会有相应的舆情出现。

### 3.1.2　重大政策贯彻落实的网上舆情信息

党和国家政府机关制定政策落实情况的网上舆情信息也是网络舆情搜集的主要内容之一。政策落实信息主要包括各级政府机关贯彻中央、国务院各项方针政策的情况,各级政府机关贯彻执行上级机关重大工作部署的情况,以及人民群众在互联网上的思想反映情况。这些舆情信息是对党和国家制定政策执行效果的情况反映。了解人民群众的呼声,掌握政策执行效果的运行情况,能体现出党和国家政府机关制定政策的利与弊,促进决策的进一步执行与完善。

### 3.1.3　国内外突发事件的网上舆情信息

国内外发生的重大事件、重大问题、重大案件、突发性事件的网上舆情信息往往是影响比较大,人民群众关注度较高的,对于领导及时发现问题,迅速提供应对策略并指导工作具有重要意义。要密切跟踪事件的发生、发展、变化过程,及时报送引发网民思想波动的舆情信息,报送反映舆情变化趋势性、苗头性、迹象性的舆情信息,深入分析事件、问题发生的背景情况及其产生的后果影响,提出做好舆论引导的意见建议。

### 3.1.4　社会热点问题的网上舆情信息

社会热点问题是人民群众关心的问题,也是社会焦点问题,是网络舆情信息工作者应主要搜集的信息。围绕这些社会热点问题,人们总会发表各种各样的意见和观点,产生各种各样的思想认识,其中,有积极的,也有消极甚至是错误的。社会热点问题的网上舆情信息反映了问题过程中存在的一些失误和有待改进的问题,反映了人们对自身利益、对国家发展的关注和期盼。

### 3.1.5　趋势性、倾向性、苗头性的网上舆情信息

趋势性、倾向性、苗头性的舆情信息是社会事务的萌芽时期具有的特性,一旦进行发展就有可能成为热点问题信息。对于这类信息要及时进行搜集,尽早发现趋势、苗头、迹象,将事件的分析结果提供给领导进行决策,防止破坏性事件的发生,减少人民财产的损失,保护社会的安全稳定。

### 3.1.6　业务职能部门的网上舆情信息

国家机关各业务职能部门都有自己的分管职责和业务,对于涉及该类业务的网上舆情信息,相关业务部门最为清楚,如何进行解决和处理更为有效,业务职能部门的网络舆情处理,能够给人民群众带来解决问题的方法,促进和谐社会的发展。

以上所介绍的网上舆情信息并不是搜集内容的全部,如社会各阶层的思想动态,群众的情绪、要求和建议,以及国外友人的意见和建议等,凡是能够引起民众思想波动的,并且会对国家执政产生影响的,都是需要引起舆情信息工作部门关注,并且应及时进行搜集和处理的。

## 3.2 网络舆情信息搜集的要求

网络舆情信息搜集要求是做好网络舆情信息搜集工作的工作准则,是必须遵守的工作要求。

### 3.2.1 搜集的及时性

由于舆情信息具有时效性的特点,舆情信息要想发挥作用必须在一定的时间和空间内,离开了时空条件,舆情就会变得毫无价值。网络舆情信息是以网络为载体的舆情信息,更加容易传播和消失,造成的影响更加快速,时效性更强。因此,网络舆情信息的搜集要在尽量短的时间内进行。

### 3.2.2 内容的准确性

网络舆情信息数量巨大,真假难辨,在信息的海洋之中搜集到真实准确的舆情信息是网络舆情信息搜集的基本要求。真实准确的舆情信息是开展网络舆情信息分析及编报的前提,不准确的舆情信息会误导舆情分析者的分析判断,使其无法提出具有针对性的对策建议,也就失去了舆情信息工作的意义。

### 3.2.3 信息的价值性

网络舆情信息搜集工作还要注意搜集到的信息的价值性,搜集到的网络舆情信息是后期工作的基础,这一基础是体现在有价值信息的搜集上的。没有价值的网络信息遍布互联网,对没有价值的信息进行分析也没有任何价值,也提不出有价值的对策建议,造成网络舆情信息工作没有任何价值,使其失去应该发挥的作用,不能为领导提供准确的数据资料。

### 3.2.4 来源的广泛性

网络舆情信息的搜集来源要广泛,不仅应搜集网络舆情最多的网络论坛,还应搜集即时聊天、新闻跟帖、新闻组、微博等各种网络载体舆情信息。各种不同来源的信息体现不同群体的舆情内容,舆情信息搜集来源广泛,体现出各方网民的心声,因此提出的对策建议才更具有全局性、可行性。

### 3.2.5 内容的完整性

网络舆情信息内容的完整性,是由舆情信息工作服务大局、服务决策的宗旨所决定的。网络舆情信息要尽可能反映舆情本身的性质、状况,才能为领导决策提供依据。如果舆情信息残缺不全,就起不到对领导决策服务的参考作用。

## 3.3　网络舆情信息搜集的范围

网络舆情信息搜集范围是以网络舆情所要编报的舆情内容为主而决定的,只要是网络存在舆情的地方就应该在搜集范围之内,但是舆情信息工作者不可能每天都把网络上的所有信息都看一遍,所以发现有价值的舆情信息要具备一定的技巧性,按照设定范围进行搜集可能会迅速发现网络舆情,然后再进一步扩大范围进行搜集。

### 3.3.1　属地网站信息搜集

网络舆情信息工作者根据职责划分更应该注意本地的舆情信息,本地网络舆情信息传播者为了使受众能更好地参与发表意见,往往都希望受众也关注舆情议题,但是由于舆情的地域关系,本地网民更加愿意关注,因此舆情信息传播者多会选择本地网站进行传播,以便引起本地网民的注意,所以属地网站信息搜集是网络舆情信息搜集不容丢失的阵地。

### 3.3.2　国内涉地舆情的网络信息搜集

国内的各大知名网站是网民最爱登录的网站,因此也是网络舆情最多的地方。要想将各大知名网站每天浏览一遍也不是轻而易举的事情,要想做到有的放矢,首先应关心本地新闻的版块,这里是本地新闻发布的网络主阵地,也是网络新闻跟帖的主阵地。其次网络论坛中的本地论坛版块,也是本地舆情信息的主要发布地。因此,各大知名网站涉及属地版块的信息也是搜集涉地舆情的重要阵地。

### 3.3.3　境外涉地舆情的网络信息搜集

境外的主要涉华网站是网络舆情信息境外的聚集地。境外的网站为了中国的网民开设了华语版本的网站信息,让我国网民进行浏览信息,发表意见态度,这里也是网络舆情的聚集地。境外网站同样也都设立了不同的版块栏目,按类分别处理网络信息,涉及属地的网络舆情同样可以在涉及属地的版块栏目中进行搜集。

## 3.4　网络舆情信息搜集的方法

由于网络信息内容的庞杂,以及网络信息载体数量的庞大,加之网站结构的复杂,要想广泛有效地搜集到有价值的网络舆情信息,必须采用科学的搜集方法,才能够搜集到全面的、有价值的舆情信息[①]。

### 3.4.1　网络舆情信息定向搜集法

网络舆情定向搜集法主要针对内容明确的待搜集舆情信息,利用网络信息搜索技术

---

① 张兆辉,郭子建.舆情信息工作理论与实务.沈阳:辽宁大学出版社,2006:118.

在网络上搜集相关的网络舆情信息。定向搜集法主要应用于目的明确、内容确定的网络舆情信息搜索,搜集网络舆情信息针对性较强。运用定向搜集法首先确定网络舆情编报的选题,依据选题制订搜集计划,设计搜集内容结构,以及搜集所需的网络舆情信息,进行后期网络舆情信息的分析与编报。

### 3.4.2　网络舆情信息追踪搜集法

网络舆情信息追踪搜集法主要针对突发性事件或舆情信息动态变化较频繁的事件,必须追踪搜集相应的动态网络舆情信息。追踪搜集法主要应用于网络舆情信息发生较为突然或变化较快的情况,网络舆情信息总是在不断地变化过程中的,必须实时追踪舆情信息才能获取最新的舆情信息。网络舆情信息追踪搜集法,由于舆情发生较为突然,加之变化较为频繁,不能制订出具体的搜集计划,因势利导,通过舆情信息分析出发展的迹象、苗头信息,再进一步搜集网上舆情信息,通过分析提出对策建议。

### 3.4.3　网络舆情信息随机搜集法

网络舆情信息随机搜集法主要是指采集舆情信息时,没有明确的搜集舆情计划和目的,在舆情信息搜索的过程中,发现有价值的舆情信息便立即搜集、存储起来。根据随机搜集到的舆情信息,判断其价值性,再进行定向搜集或追踪搜集。随机搜集法看似是无心的信息浏览,实则是要根据网络舆情信息工作者的政治敏感度,结合一定的社会实践经验,判断出舆情信息的价值性,得到特殊的搜集效果。

### 3.4.4　网络舆情信息预测搜集法

网络舆情预测搜集法主要是指通过敏锐的感觉,根据事物发展的客观规律,对舆情的发展趋势进行预测,推断可能发生的情况,得出超前的舆情信息。这种网络舆情信息对领导决策具有很大的帮助,通过网络舆情的分析能够提出明确的工作方向,有效的应对策略,增加舆情工作的主观能动性。

### 3.4.5　网络舆情信息系统搜集法

网络舆情信息系统搜集法是指通过舆情信息管理系统设定搜集目标,确定搜集内容,制订相应的搜集计划,进而系统地搜集网络舆情信息。运用系统搜集方法可以多舆情工作者联合作战,实现舆情信息利用和价值的最大化。

## 3.5　网络舆情信息搜集结果的处理

网络舆情信息搜集之后需要进行舆情信息的汇集,主要包括鉴别与筛选、分类与归纳、汇总与存储等处理环节,并由这些环节构成舆情信息汇集的基本过程①。

---

① 宣传部舆情信息局,天津社会科学院舆情研究所. 舆情信息汇集分析机制研究. 北京:学习出版社,2008:43-44.

### 3.5.1　网络舆情信息的鉴别与筛选

鉴别就是对搜集到的网络舆情信息进行真实性鉴定。网络舆情信息搜集之后,要对舆情信息进行鉴别与筛选工作,刚刚搜集到的信息为原始状态信息,信息量多而杂。所以,必须对刚搜集到的原始信息进行鉴别真伪,将虚假的舆情信息挑选出去,保留真实舆情信息。

### 3.5.2　网络舆情信息的分类与归纳

网络舆情信息的分类和归纳就是按照具体的网络舆情的工作目的、要求、时间、问题、来源等情况将信息分成不同的类型与层次,分辨出舆情信息之间的内在联系,使零散无序的舆情信息条理化,为网络舆情分析与编报打下良好的基础,从而实现对舆情信息的整合。

### 3.5.3　网络舆情信息的汇总与存储

网络舆情信息的汇总与存储是指在对信息进行鉴别、筛选、分类和归纳后,把有用的信息重新汇集起来,再进行必要的存档工作。网络舆情信息存储不仅将要应用的信息进行存储,也将暂时没有被应用的舆情信息存储起来。目前,网络舆情信息都采用电子化数据进行存储,按照舆情信息的类别分层次地进行存储,分类信息越细越有利于将来的信息检索和归档管理。

# 习　题　3

① 网络舆情信息搜集内容有哪些?

② 网络舆情信息搜集要求是什么?

③ 网络舆情信息搜集范围是什么?

④ 网络舆情信息搜集方法有哪些?

⑤ 网络舆情信息搜集结果的处理过程是什么?

# 第4章

# 网络舆情信息的分析

**教学目的**
① 掌握网络舆情信息分析的环节；
② 掌握网络舆情信息分析的方法；
③ 掌握网络舆情信息分析的要点；
④ 了解网络舆情信息分析的机制。

网络舆情信息分析是整个网络舆情工作的重要环节之一，网络舆情分析的好坏直接关系到网络舆情工作的好与坏。网络舆情分析研判要遵照一定步骤程序来完成，运用科学的分析方法，深度挖掘网络舆情信息蕴含的有价值信息，预测网络舆情涉及事件的走势和发展方向，并提出有针对性的建设意见和对策。

网络舆情分析，贯穿于网络舆情工作的全过程和各个环节之中，在网络舆情信息的搜集、整理、筛选、归类、分析、编报、监控、预防等诸多环节之中都有网络舆情分析的存在。强化网络舆情分析意识，提高网络舆情分析能力，切实提高网络舆情信息工作的整体水平。

##  网络舆情信息分析的环节

网络舆情分析研判的环节与舆情的分析研判环节基本相同，一般分为 3 个环节①。

### 4.1.1 网络舆情初步判别

初步判别是网络舆情分析研判工作的第一环节。主要是由网络舆情信息工作者对刚刚接触到的网络舆情信息进行最初的鉴别、判断和选择，并决定下一步如何处置。网络舆情信息的初步判别看似简单，实则涉及的问题较多，初步判别又是网络舆情分析的第一道关卡，是网络舆情工作的基础，如果网络舆情初步判别出现错误将直接影响网络舆情的整体工作。网络舆情初步判别需要思考的内容较多，主要任务具有以下两个方面。

（1）网络舆情信息价值的判别

互联网上的信息种类繁多，而且数量众多，网络舆情信息会被众多的网络信息所包

---

① 宣传部舆情信息局，天津社会科学院舆情研究所. 舆情信息汇集分析机制研究. 北京：学习出版社，2008：55.

围,网络舆情信息的初步辨别就是从海量信息中寻找到有价值的舆情信息。舆情信息通常是反映网民有价值的意见态度信息,主要蕴藏在前面讨论过的网络论坛、新闻跟帖、新闻组、即时聊天等网络工具之中,在信息载体中数量依然庞大,这就需要舆情工作者能够认真区分、鉴别,筛选出有价值的舆情信息。

（2）网络舆情信息真伪的辨别

互联网上的信息鱼龙混杂,有真有假,然而搜集到的舆情信息如果为虚假信息则会直接影响网络舆情信息的分析研判结果,只有对现实社会信息的深入了解和各种舆情信息的相互佐证,才能初步分析出网络舆情的真假,另外舆情信息的典型性和代表性也是网络舆情信息初步辨别的工作内容,网络舆情信息内容较多,雷同的信息也不计其数,从中选择具有代表性的舆情信息能为后期的分析研判打好基础。

## 4.1.2　网络舆情深入分析

网络舆情信息经过前期的初步辨别后,再根据后期网络舆情信息编报的要求进行区分,单一的舆情信息需要直接编报,快速处理,不必进行深度分析,甚至有些时候可先进行处置,然后进行编报;网络舆情信息涉及的内容较为丰富、庞杂,必须经过认真分析才能挖掘出内部隐藏的重大价值,这就需要进入网络舆情深度分析阶段。网络舆情深度分析根据舆情信息的真实性、总体性、时效性、价值性等进行更为深入的分析,归纳分析出舆情涉及事件的整体发展态势、规律、苗头、迹象和隐藏在其中的有价值信息,根据需要进行进一步跟踪或定位,从而提出相应的建设性对策和建议,供上级领导参考服务,为相关职能部门提供有价值的参考意见。

深入分析网络舆情必须注重实事求是的原则,立足于原始材料信息,不能断章取义或含有舆情分析者的个人偏见,任何偏离事实带有个人主观臆断的舆情分析都是没有任何参考价值的舆情分析。所谓立足原始材料就是要做到对原始网络舆情信息的广泛搜集,体现原始舆情信息的真实原意。在网络舆情信息中原始材料必须真实可靠,在网络舆情中由于形式多样,有的是以网络牢骚的形式出现的,编辑成流行语、顺口溜,看似脍炙人口的语言里面可能蕴含着重要的舆情信息,必须分析出内部舆情信息才能做到尊重原意;有的网络舆情是以网络恶搞的形式出现的,对某人或某事的放大诋毁,也必须对其进行文字的审读、图片的分析才能得出相应的舆情信息;更有甚者可能是以情报的形式出现的,情报信息往往只有只言片语或者话意朦胧,必须进行逐字逐句的认真细读才能知晓其中的内容。网络舆情分析必须实事求是,运用各种方法手段提取出原意。网络舆情分析研判不能凭借主观臆断进行,在网络舆情分析过程中有可能会遇到与分析者观念不同的舆情或与分析者遭遇类似的舆情,任何舆情分析都不能掺杂个人的主观意识,否则会影响网络舆情的分析结果。网络舆情深度分析要点会在后面的章节中进行讲解。

## 4.1.3　网络舆情综合研判

网络舆情综合研判是指网络舆情涉及属地的相关职能部门进行综合分析网络舆情信息。网络舆情由于是现实生活中的舆情延伸,网络舆情来源于现实也最好随现实事件的发生而转变或消失,所以网络舆情综合分析研判应该由相关职能部门人员进行综合分析,根据不同职能部门的着眼点不同进行综合分析;网络舆情由于网络传播自身的特点涵盖地域比较广泛,涉及的网络舆情工作者众多,根据各地域情况的不同,跨地域网络舆情分析更加有利于网络舆情的综合分析;网络舆情由于涉及的领域繁多,舆情分析者不可能对各个领域知识完全通晓,也不可能了解各领域的实际情况,所以重大的网络舆情应该由相关领域的专家进行综合分析,立足于各个领域,提出观点、意见,这更加有利于网络舆情的综合分析研判。

网络舆情综合研判更重要的是不要通过只言片语的信息进行分析,必须多渠道、多信息、多角度地综合分析。分析各种渠道信息来源的相互佐证性,防止因为片面的信息来源产生错误的分析结果;分析各种信息的传播内容,体现传播者的真实目的,不要因为一种信息而受到干扰,因一面之词影响全局;分析事物要从多角度、多方向进行,不要局限于个人的主观意识分析网络舆情。

## 4.2 网络舆情信息分析的方法

网络舆情分析研判除了有良好分析机制外,还要有行之有效的科学分析方法。网络舆情分析涉及社会学、哲学、政治学、逻辑学、统计学等多学科知识,因此涉及的分析方法也是百家争鸣。无论应用哪种分析方法重要的都是对原始信息进行分析研究,形成能够反映事物规律、趋向性及其内在本质的更深层次的舆情资料,判断出信息的真伪、价值的大小、影响的程度和可能的趋势等,并且采取相应的措施达到预防目的。

网络舆情分析研判方法主要有以下几种。

### 4.2.1 定量分析法

定量分析法是通过对事物构成要素的数量分析,以及数量变化对事物构成影响的分析,揭示事物质的数量界限,有利于准确把握事物的现状和变化趋势[①]。世界上每一种事物的存在都具有一定的空间形式和数量关系,事件的发展和演变往往与其数量上的增减密切相关。

网络舆情是以网络为载体的舆情体现,在网络舆情空间里,有大量的数据信息存在,相对反映出舆情的发展和演变过程。网络论坛热帖的出现,首先具有议题提出者的时间事件数据;然后随着关注度的不断提高,点击率也不断地提高,反映网民对该议题的关注度的变化情况;接下来在热帖中会相继出现不同时间的回帖率,根据不同时间的回帖率更能够体现网民对该议题的关注时间的变化规律;网络论坛中还有相应的转载率,体现出网民的高度关注率;通过不同网络论坛该类信息的关注程度数据,反映出网络舆情的聚集情况。定量分析能够分析出网络舆情的相应变化规律,体现网络舆情的发展趋势。

### 4.2.2 定性分析法

定性分析法就是通过事物的外在表现信息,运用归纳、演绎、抽象等方法,对获得的各

---

① 中共中央宣传部舆情信息局. 舆情信息工作概论. 北京:学习出版社,2008:107.

种信息材料进行加工处理,以认识事物的本质。定性分析是各类事物分析经常使用的分析方法,通过大量翔实的材料信息,找出事物的内在联系和规律,归纳出事物的特征,对事物做出性质认定。

在网络舆情的分析过程中,定性分析方法是通过对大量网络信息进行归纳、演绎、抽象等分析,寻找网络舆情的内在联系和规律,对网络舆情进行性质认定。通过网络舆情信息中的文字、图像、声音、视频确定事物的真伪,再对相关事物进行核实、关联分析,寻找出事物的联系,确定事物的性质。

### 4.2.3　比较分析法

比较分析法就是通过两个以上具有可比性质的事物进行相互对照比较的分析方法,也可以概括为对同一事物的不同方面或不同的发展阶段进行相互比照的分析方法。比较分析法运用的前提条件是具有可比性的事物或可比性的两个方面,没有可比性的内容是不能利用比较分析法的。比较分析方法的条件因比较的事物的不同而不同,主要观察事物的外围环境和内在性质的可比性。比较分析法适用范围比较广泛,可以运用到自然现象和社会事务中进行。

网络舆情分析过程可以对照不同的网络论坛进行比较对照,天涯论坛中出现了某类网络舆情,那么百度贴吧中是否有相应的舆情出现,作为可比性研究两者都是网络论坛,两者都是全国知名论坛,并且两者的论坛类型也相似,具有一定的可比性,可以进行比较分析;同样也可以进行同类事物比较,例如,大连在引进 PX 项目时引起了市民的强烈反对,宁波在引进 PX 项目时是否具有同样的现象,可以进行比较研究。

### 4.2.4　综合分析法

综合分析法是指根据搜集到的各方面的信息材料,围绕一定的目的,按照不同角度、不同深度、不同准确度将各种搜集到的信息融为一体,从中吸取各方的精华,进行共性研究、特性研究加工出信息的情报内容。综合分析法强调的是材料的综合运用、不同角度的综合观察等多方面的综合分析,综合分析法常常用在舆情信息比较复杂,内容比较繁多,关联性比较强,纵向关系、横向关系比较错综复杂等规模比较大的舆情分析上。

例如,我国近些年在藏区经常出现教徒自焚事件,从各方获取到的网络舆情信息较多。第一,网上涉及藏区论坛的议论内容较多,而且时间比较早;第二,境外涉藏网站刊登的信息更加提前,而且照片等信息境内较少见。在与各方进行舆情综合分析研判之后,分析出为境内外藏独分子勾结策划的自焚事件。

### 4.2.5　联系分析法

所谓联系分析法就是指着重分析互联网出现的某种舆情现象,通过对信息的横向联系、纵向联系、逆向联系、多向联系等方法,研究不同信息材料相互之间的联系,研究其整体与部分、内部与外部之间的相互关系。联系分析法往往用在具有一定关联性的事物分析上,通过横向联系是否该类事物在其他地方出现过以及是如何进行处理的,通过纵向联系是否该类事件过去曾经出现过以及是如何处理,通过逆向联系是否打破思维定式进行分析判断。

例如,2013 年我国宁波要引进 PX 项目一事,可以横向联系之前大连、厦门要引进 PX 项目一事的相关影响和处理方法,可以纵向联系宁波以前类似项目的引进情况,利用联系分析发处理网络舆情。

### 4.2.6　归纳分析法

归纳分析法是指就要分析的舆情进行一定时期、一定数量的进行统计分析,根据信息的量化,进行统计分析,从中找出规律性、动向性的特征,尽早为做好舆情预防工作做准备。归纳分析法必须基于大量的信息数据,通过对数据的分析才能找到相应的规律特点。

例如在我国的网易门户网站中,新闻版块里就具有聚合舆情分析,所谓聚合就是通过大量的新闻数据进行相应的统计分析,可以对点击率、回帖率、转载率、支持率等各种数据进行综合统计分析,形成相应的今日新闻聚合、三天内新闻聚合、一周内新闻聚合等统计分析。

### 4.2.7　演绎分析法

演绎分析法指通过对已知的舆情信息中的苗头、迹象、动向等内容进行判断、推理和预测,推测出事件的性质、规模、发展趋势和可能造成的危害等。演绎分析法就是利用事物的因果关系或伴随关系,因为一个事情的发生往往导致另一个事情的发生,一个事情的发生往往会伴随相应的事情发生,从零星残缺的舆情信息演绎出事情未来的发展走势,从而控制事件的发展。演绎分析法是逻辑分析方法中的一种,是具有条件的推理分析。

## 4.3　网络舆情信息分析的要点

网络舆情分析研判的要点就是指在网络舆情分析研判过程中的关键点,分析过程中要点把握的好与坏,直接决定舆情分析的质量。在分析研判过程中即便遵照舆情分析的步骤进行,采用很多分析方法,但如果网络舆情分析要点没有把握住也很难形成好的舆情分析研判。具体的网络舆情分析研判要点如下。

### 4.3.1　及时分析研判

及时分析研究是指网络舆情分析研判过程要做到及时搜集网络舆情信息、及时分析舆情信息、及时上报舆情、及时处理舆情。

（1）及时搜集网络舆情信息

从舆情的概念来看,舆情是指一定时空内公民的心理意识,一定时空要求既包括时间也包括空间的要求。舆情工作具有时间要求,今天的舆情状态可能不到明天就发生了转变,从这一点上来看舆情信息必须及时搜集,否则便失去了应有的价值。舆情工作具有空间要求,在一定的空间内舆情存在,但又不是永久存在的,也有可能稍纵即逝,尤其是网络舆情信息,弹指间可能信息就不复存在了。因此,搜集网络舆情要及时、快速。

（2）及时分析网络舆情信息

从舆情分析上来说,受到舆情信息材料的影响,受到相关因素的影响,如果不及时分析网络舆情信息,相关的因素一旦变化可能就会影响分析结果的有效性,分析结果甚至会成为一张毫无用处的白纸。所以分析网络舆情也要及时、快速。

（3）及时上报网络舆情

舆情信息工作的主要目标就是给领导提供相应的决策依据、给相关的业务部门提供数据参考,舆情具有一定的时效性,如果不能及时上报就有可能失去决策的最佳时机,影响相应业务部门的预防与控制工作,影响社会的正常秩序。

（4）及时处理网络舆情

网络舆情主要是以网络为载体传递信息的,在网络世界里,可以说一经其传播便天下皆知,网上的舆情信息不迅速地对其进行处理很有可能会带来更大的影响,所以网络舆情需要及时处理。

## 4.3.2　辨别信息真伪

网络舆情信息都是存放在虚拟世界中的信息材料,它既有可能是真实信息也有可能是虚假信息,可以说网上信息鱼龙混杂、难辨真假。但是舆情分析又必须是建立在真实基础上的信息分析,虚假信息是不能进行舆情分析的,那么如何辨别网络舆情的真假性就显得尤为重要。鉴别网络舆情的真假主要有两种方法。

（1）背景检测法

利用已知事件的背景资料,认真梳理舆情信息,利用背景资料证明网络舆情的真伪。

（2）资料佐证法

利用已知事件的相关材料,认真分析网络舆情信息,利用相关材料证明网络舆情的真伪。

网络舆情信息的真伪不能利用逻辑推理进行分析,因为任何推理过程都是经过逻辑判断的,一点虚假的舆情信息就可能造成误判网络舆情分析,导致不必要的错误。

## 4.3.3　持续跟踪积累

网络舆情工作者不仅要做到经常关注网上的舆情信息,而且也要做好舆情信息的搜集,更要做好网络舆情信息的分析。做了网络舆情信息材料搜集,但不进行分析,会耽误网络舆情的最佳处理时期。有价值的网络舆情进行分析之后,还要进行舆情处置,然后进一步搜集信息,观察舆情分析、处置的效果。网络舆情无论分析没分析、处理没处理都要进行持续跟踪,没有分析可以增加分析的素材,有了处理则观察相应的处理效果,有了新的网络舆情出现就进一步进行跟踪分析。

## 4.3.4　发现苗头迹象

网络舆情分析的任务之一就是通过对网络舆情信息的分析,发现网络舆情中普遍性、倾向性、苗头性的舆情。任何事物的发展都具有一定的规律性,舆情的形成、发展、演变等过程也应具有自身的规律性。在网络舆情工作过程中,只有发现网络舆情的特点和趋势,才能准确地制定出相应的对策建议,做到有针对性地对症下药,解决实际问题。

发现网络舆情信息的苗头迹象要从全局出发,网络信息是虚拟世界中的信息,是所有网民都能够浏览的信息,是网络环境下全部共享的信息,是具有普遍性的应用信息,所以分析网络舆情信息应该从全局出发,站在全局的高度发现网络舆情信息的苗头、迹象和规律。

网络舆情分析应该从掌握的网络舆情信息素材中去发现,网络舆情的迹象都是以信息为载体进行传播的,从而体现出网络舆情制造者的目的,没有目的的舆情研究也就没有价值。所以应该认真地细读舆情,分析舆情内容体现的真正目的,挖掘舆情中蕴藏的苗头、倾向内容,为网络舆情的预防服务。

发现网络舆情的苗头迹象也可以从逻辑推理入手,任何事物的发展都应该具有一定的因果关系或伴随关系,通过获得的条件信息,进行逻辑推理分析出蕴藏的苗头迹象。逻辑推理要求分析者有一定的政治敏感性,能正确把握社会事务的发展变化规律,对人们的思想活动做出正确的判断,通过网络信息中的蛛丝马迹进行分析研判,找到事物发展的苗头迹象。

## 4.3.5　预测发展趋势

通过网络舆情分析发现其中蕴藏的苗头迹象,预测事件的发展趋势,针对其发展趋势制订出应对策略,为下一步工作争取主动,防止舆情的发展影响现实社会的安全与稳定。在预测舆情发展趋势时,既需要有严谨的逻辑思维,也需要有发散性的思维。通过搜集到的原始舆情材料佐证,并结合相关历史材料进行多角度、多层次的逻辑思维分析,最终推断出事物的发展趋势。

通过网络舆情中体现的苗头迹象,运用因果关系逻辑推理分析。事物的发展都具有一定的因果关系,网络舆情苗头迹象是因,未来的发展是果。通过已知的因预测未知的果,预测发展趋势不仅是预测舆情传播者的目的,更重要的是预测事物的发展结果,网络舆情发展到一定程度有可能不是以传播者的目的而发展的,传播者有时也无法控制事件的发展结果。

## 4.3.6　提出对策建议

网络舆情分析的任务之一就是提出相应的建设性策略,为领导决策服务,为相关部门提供参考。通过舆情的发展趋势制订有针对性的对策建议,做到事件的提前预防,提前部署相应的工作,避免事件发生时无法控制局面。

提出的对策建议要具有战略性意义,具有一定的操作可行性。对策建议要从全局出发,不能局部片面地分析制定战略部署,只保局部稳定平安,更不能为了自己的一些私利而出谋划策。同时,提出的对策建议要有可行性,没有可操作性的指挥部署将是无法执行的任务,没有意义的建议。只有可行性的对策建议才能使人们将其付诸于实际,体现舆情分析的应有价值。

## 4.4 网络舆情信息分析的机制

网络舆情分析研判要根据社会事件的发生情况,分为定期分析机制、实时分析机制、本地分析机制、跨地域分析机制、多部门分析机制等不同的工作机制,适用于哪种工作机制要根据事件的性质、涉及的领域、地域的范围等具体情况而定。

### 4.4.1 定期分析机制

定期分析机制是指由于事物长期存在,并随着时间的推移有着不同的变化规律,必须进行定期舆情信息搜集和分析,从而才能发现事物中蕴藏的规律和苗头,判断出事物的发展趋势。定期分析机制也可运用于观察的事物发展变化时间跨度较长,必须进行分时间段信息采集,阶段性分析舆情的情况,从而判断出事物不同阶段的发展规律和特点。

定期分析首先要确定时间间隔,时间间隔的长短取决于观察舆情事物的特点,由事物本身或相关的外部因素来确定。定期分析还要设立好每次采集的信息要素,通过信息要素进行跟踪观察变化,判定出不同观察要素的变化情况和规律特点。例如:利用互联网上设立的网上 110 就可以进行相应的网络舆情检测,分析出不同时期网络的举报情况信息,网民反映的主要内容和信息,从而体现网络举报舆情的变化规律和特点,统计分析出网络舆情的发展苗头,尽早地制订对策计划。

### 4.4.2 实时分析机制

实时分析机制主要针对网络突发性事件,必须实时跟踪监控网络舆情的发展情况,并不断分析事物的最新动态,预测事物的发展趋势,尽早地制订应急计划。实时分析运用于事件发生较为突然,并且事件比较重大的情况,必须进行实时跟踪检测,一旦疏忽大意就有可能错过事件的最佳处理期。

现实社会中重大性、突发性事件一旦发生,应该立即进行网络舆情监控,搜集舆情信息。例如:当温州高铁事件发生以后,网络上立即一片哗然,网络舆情信息工作者就应该立即搜集网络舆情信息,而不是采用定时分析机制。网络舆情分析机制的采用要根据具体事件情况来定。

### 4.4.3 本地分析机制

本地分析机制主要应用于网络舆情涉及事件为局部事件的情况,虽然网络信息处在无形的网络之中,但涉及的事件具有一定的地域性,也没有必要会遇见此类舆情的全国各地的舆情工作者都对其进行搜集,这样会造成人力资源的浪费,由于人员地域情况的不同也不利于舆情信息的分析。所以舆情分析机制的采用要根据事件的具体情况而定。

本地分析机制要求属地工作者应当开展初步的调查验证工作,确保信息客观准确,详尽地掌握第一手资料后,要及时进行汇集、整理、分类、入库,初步的碰撞分析,判断出信息的真伪,以及价值的大小,根据实际情况采取相应的措施。

### 4.4.4　跨地域分析机制

跨地域分析是指网络舆情涉及地域范围较广,局部地区无法全面分析网络舆情,必须进行跨地域舆情信息分析研判。跨地域舆情分析虽然着眼于跨地域信息,但参与人员必须立足本地的舆情信息,只有本地人员最为了解本地实际情况,从而确保搜集到的舆情信息客观、完整、系统。

跨地域舆情信息分析还应注意协调配合工作。建立快速响应的协作机制,做好异地网络舆情的协查请求,及时反馈。同时还要注意舆情信息共享,发现涉及外地的信息后,应及时通报当地舆情部门,形成信息共享机制。网络舆情还应集中分析研判,主动上报协调分析,组织力量集中分析研判。

### 4.4.5　多部门分析机制

由于网络舆情内容的庞杂性,涉及各个职能部门的具体业务只有本部门最为清楚,所以舆情分析要根据舆情内容来定,涉及具体的职能部门时,应该共同进行分析研判,多部门联合分析,共同治理,发现各种部门的新特性,不断提高网络舆情分析能力。

# 习　题　4

① 网络舆情信息分析有哪些环节?
② 网络舆情信息初步判别包括哪些内容?
③ 网络舆情信息分析方法有哪些?
④ 网络舆情定量分析方法主要依据哪些数据?
⑤ 网络舆情定性分析方法的含义是什么?
⑥ 网络舆情比较分析方法的前提条件是什么?
⑦ 网络舆情信息分析的要点是什么?
⑧ 网络舆情信息分析的机制是什么?

# 第 5 章

# 网络舆情信息的编报

**教学目的**

① 了解网络舆情信息编报的流程；

② 了解网络舆情信息编报的种类；

③ 掌握网络舆情信息编报的要求；

④ 掌握网络舆情信息摘报的编写格式；

⑤ 掌握网络舆情信息专报的编写格式；

⑥ 掌握网络舆情信息综合编报的编写格式。

　　网络舆情信息编报就是将搜集到的有价值的网上舆情素材进行整理、加工、编写、制作成可供阅读的文稿，报送给领导和相应的业务部门，为领导决策服务、为业务部门提供服务。在网络舆情信息工作过程中，搜集到有价值的舆情信息不容易，分析出内部蕴藏有价值的内容也不容易，将舆情信息进行加工、整理成有价值的文稿更加不容易。网络舆情信息编报是网络舆情工作中重要的一环，网络舆情编报的好与坏直接关系到网络舆情信息工作的好坏。

## 5.1　网络舆情信息编报的流程

　　要想很好地完成网络舆情编报工作，首先要了解网络舆情信息编报工作的流程，按照编报流程进行有条不紊的工作，抓住工作要点，运用编报技巧，编报出有价值的舆情文稿。

### 5.1.1　鉴别与筛选

　　鉴别网络舆情信息的真伪是编报舆情信息最初的工作，虚假的舆情是不能进行编报的，即便进行分析编报也是毫无意义的。网络舆情信息鉴别主要是核实网络信息所在的网站是否真实存在以及信息所在网站的位置情况，转载的原始信息是否真实存在，是否进行了添枝加叶，篡改了原来信息的真实面貌。鉴别核实是网络舆情编报的开始工作，良好的开端是做好后期工作的基础。

　　筛选就是从众多的网络舆情信息中找出具有参考价值的舆情信息。筛选工作是对舆情信息价值大小的判断，筛选出典型的、价值大的、与所要编报内容相关的舆情信息。舆情信息筛选工作要体现国家的意志、领导的意见、民众的想法，是多方共同作用下具有代表性的舆情信息。舆情信息筛选工作要对信息的价值大小进行判断，保留各方意见价值大的舆情信息,剔除失效的、不准确的舆情信息。舆情信息筛选同样要进行事物的相关性筛选,即便搜集到的舆情信息价值很大,但与所要编写的舆情报告无关,也不要编报到本舆情分析报告中,可以另立题目进行舆情编报。

### 5.1.2　分类与归纳

网络舆情信息纷乱繁杂,要想理出头绪必须按照具体工作的目的、要求、时间、反映问题的性质、来源等多层次进行分类,分的类型越细越好,从而归纳出各种类型的变化规律及特点,使原本零散无序的舆情信息条理化、清晰化,为进一步的信息整理、分析打好基础,实现各种舆情信息的整合。基于时间进行分类,可以归纳出事物的发展变化轨迹,为将来事物的分析做准备;基于来源进行分类能体现各方意见的不同之处,使舆情分析做到有理有据;通过问题性质进行分类,归纳出事物性质的转变走向,可以发现苗头,提前做好部署工作。

### 5.1.3　编辑与审核

网络舆情编辑是舆情信息加工处理的一道重要工序。按照相应的规范和要求,对舆情信息内容进行处理,编辑舆情信息文稿。编辑的文稿要做到格式规范、要素齐全、准确无误、条理清晰、言简意赅、详略得当、特色鲜明、易于运用。编写者的水平高低各不相同,必须不断地提高自己的写作能力,运用一定的写作技巧,提高编辑水平。网络舆情信息报告编辑完成以后要进行严格的审核,由审稿人进行认真审核,复核人进行材料复核,确定舆情信息编报等级,完成网络舆情信息编辑工作。

### 5.1.4　报送与建档

网络舆情信息编辑工作完成之后,要将文稿上报到给领导,为领导的决策提供参考。同时根据文稿种类和内容报送给有关的业务部门,为业务部门处理实际工作提供帮助。网络舆情信息编辑文稿的报送要注意传递渠道的安全,根据涉密等级进行不同渠道的报送。

同时,完成网络舆情信息编报的收尾工作,对舆情信息材料进行建立档案,归档处理。归档是对舆情信息内容的汇总存储,无论是用过的网络舆情信息还是没有用到的网络舆情信息都要进行存档,逐步建立网络舆情分析档案库,以便对舆情进行进一步加工和利用。

## 5.2　网络舆情信息编报的种类

网络舆情信息编报是为上级机关和领导决策服务的,也是为业务部门提供帮助的。网络舆情编报通常采用反映舆情的详略和篇幅长短划分的方法,可以分为摘要编报、专刊编报和综合编报三种。其中摘要编报简称摘报,通常是对反映一些动态性、即时性、内容性的网络舆情信息进行编报,网络舆情信息摘报主要是对网络上境内外的新闻及相应的网络舆情进行即时性编报;专刊编报简称专报,通常是对重要的网络舆情信息进行编报,即对具有专项性、针对性、特殊性的网络舆情信息进行编报,网络舆情信息专报主要运用在突发的特殊网络舆情事件上,往往需要进行快速特殊处理;综合编报通常是对重大决策、重要部署、重要活动、突发事件等全方位多方面的网络舆情综合进行编报,综合编报是舆情编报中最为具体详细的舆情报道形式,通常编报的内容较为复杂,需要全面认真地分析,才能发现苗头,预测发展趋势。

网络舆情信息编报按照编报内容的涉密情况可以分为秘密级舆情编报、机密级舆情编报、绝密级舆情编报。网络舆情信息反映的是经济建设、社会发展等情况,内容一般不涉及密级;网络舆情信息涉及了社会的安全与稳定,涉及的组织或个人需要对其进行相应的处理时,往往就会涉及密级,一般具有情报性质的舆情信息为秘密级,涉及具体人员、具体组织的情报信息视情况可定为机密或绝密,有具体要求的,要按要求定密。涉及密级的网络舆情信息编报文稿要按密级要求进行传递,保护舆情信息的渠道来源。

网络舆情信息编报分类方法还有服务层次分类法、需要程度分类法等,在此就不一一介绍了。

## 5.3　网络舆情信息编报的要求

网络舆情信息编写是国家机关的公文写作活动,文稿的题材性质有别于散文、诗歌等文章题材的写作。网络舆情信息编写又不同于新闻报道,更加注重舆情信息的时效性、准确性、价值性等。因此,网络舆情信息编写要具有特殊的要求,符合实际工作的需要。

### 5.3.1　选题要求

网络舆情信息编写选题具有重要的作用,通过选题能够看出舆情编写的中心思想和文稿的着力点,选题最好要体现出说明的具体事物、阐述的观点道理、反映的具体问题、分析的规律苗头、提出的对策建议等。网络舆情信息编写选题要能够体现出应用者的需求性和关心点,使阅读者通过选题能够产生兴趣。选题的确立也能统领文稿的全文,文稿的组织结构、材料运用、语言编辑都要围绕选题进行,体现文稿的中心思想,满足领导决策的需要。

（1）以党和国家的重大政治活动、重要事件为选题

党和国家的重大政治活动、重要事件往往涉及国计民生,涉及国家发展的未来,也是网民关心的焦点,网民会提出一些合理化建议,为促进社会的发展提出个人观点,这是反映民意民声的主要渠道;也有网民会对重大政治活动、重要事件提出反对意见,对政策提出质疑,提出相应的弊端,发动群众进行提请建议或集会游行等事件。例如我国每年都要举行的两会,一直是网络舆情关注的焦点;国家举行奥运会、世博会属于国家的重大事件,也是网络舆情关注的重点内容;本地区的重大事件是本地网民关注的主要内容,是本地舆情关注的焦点内容。无论是合理化建议还是反对意见,都需要网络舆情工作者进行仔细的搜集,认真的分析,提炼出网民的具体建议,形成条理清晰的网络舆情信息报告,给领导决策提供具有参考价值的信息。

（2）以现实社会存在的热点问题为选题

社会热点问题是民众关心的问题、是社会焦点问题,处理起来比较复杂,处理不好会出现群体事件。因此,社会热点问题一直是网络舆情信息编报的主要内容之一。社会热

点问题的选题要注意问题的新意性,社会改革发展过程中可能会有许多问题,有的问题一直存在无法彻底解决,这类没有新意的问题就不值得编报,但是老问题如果出现了新迹象则又属于有新意的社会热点问题,是较好的编报主题。社会热点问题的选择要具有典型性,编报要具有价值性,对于编报没有建设性意见或指导意义问题的选题,就没有意义编报了。社会问题的编报要注重问题的剖析,分析清楚问题的来龙去脉,分析清楚问题的产生根源,寻求问题的解决方法,提出具有可行性的合理化对策建议,不仅要让决策者明白其中的道理,还要明白相应的对策如何制定与实施。

（3）以具有趋势性、倾向性、苗头性的问题为选题

所谓具有趋势性、倾向性、苗头性的问题就是指处于萌芽阶段的社会热点问题,这些问题在网络舆情中不易察觉,但是一旦引起关注就会立即成为热点问题,再想进行相应的疏导和控制就比较被动。因此,对具有趋势性、倾向性、苗头性的问题编报具有非常重要的意义。通过对不同网络舆情信息进行分类分层次统计分析,发现网络舆情信息的变化情况,从中发现事物的发展趋势,搜集到趋势性、倾向性、苗头性的问题。对网络舆情的敏感区域和热点高发地带进行苗头性信息捕捉,特别是涉及党和国家、民族等与国家关系密切的信息,这些信息已经出现并且极易引起群体性事件。通过典型事件的跟踪,及时发现事件的变化情况,分析出典型事件的新动向,将其作为趋势性、倾向性、苗头性问题进行编报。

（4）以突发事件动态舆情信息为选题

突发事件是指不可预知的突然发生的事件,突发事件的发生会引起网民的极度关注,总是想得到事件发展的最新动态信息,对事件的发生及处置提出各种评论,发表个人意见观点。突发事件的发生可以说是一石激起千层浪,网络舆情信息会大量地出现,这也是网络舆情信息工作者的重要工作时期,是编报网络舆情信息的重要选题。突发事件动态舆情信息要注意及时性,遇到重要舆情信息要及时编报,甚至可以先上报后编报,不要错过事件处理的最佳时期。突发事件动态舆情信息的编报要求工作者善于从事实中发现新的社会动向,提炼出新的苗头迹象,对其进行认真分析,预测可能的发展走向。突发事件的动态舆情信息编报更要求工作者利用社会学、逻辑学等知识统筹分析,既要有舆情上报又要有鉴别真伪的能力,不要被虚假信息所蒙蔽。

（5）以国内外发生的重大事件为选题

社会事务是错综复杂、相互关联的事务,尤其现在是以互联网为传输媒介的时代,国际上发生的大小事情国内网民都可获知,国际事务影响着国内事务,国内事务同样也都影响着国际事务,相互之间具有一定的关联性。通过对国际上发生的重大事件的分析,发现事件发生的原因、过程、规律等因素,观察国内网络舆情是否出现相应的舆情信息,从中发现国内网络舆情的迹象苗头,预测事件的发展趋势和未来走向,提出相对的建设性对策建议。同样国内的重大事件的发生也影响着国际上的舆情的出现,搜集国际上的舆情信息,分析原因,提出国内重大事件的处理意见,供领导阅读、采纳、使用。

（6）以网上敌对势力的动向信息为选题

敌对势力网上活动一直是网络舆情工作者的重要选题之一,对维护社会秩序和稳定、国家安全有着重要意义。敌对势力的网上舆情信息搜集是关键,搜集的网上信息不仅要在国内网站上进行搜集,也要在国际网站上进行搜集,更要到敌对势力网上活动的主要场

所进行搜集。要对搜集到的敌对势力动向信息进行认真分析,发现其中具有的策划性信息、动向性信息,分析其中的内外勾连、敌对计划、组织情况、组织活动等关键信息,提出相应的预防控制计划,为领导决策提供服务,为维护国家安全稳定服务。

### 5.3.2　内容要求

网络舆情信息编辑内容是文稿的主体,是舆情信息内容的主要组成部分,决定着网络舆情信息质量的关键部分。网络舆情信息的具体价值都是通过编辑内容来体现的。因此,把握好编辑内容就成为了舆情信息编辑的核心。

（1）实事求是、全面客观

网络舆情信息编辑内容虽然是所谓的虚拟世界即网络信息,但也要追求客观真实。真实是舆情信息的生命,舆情信息失真,就会造成决策失误。舆情信息编报不能道听途说、捕风捉影,更不能无中生有、随意杜撰,真正使决策者在决策时有可参考的价值。无论选择什么样的舆情素材,都要反映出舆情的本来面目,体现舆情信息本身所蕴藏的内涵。

编写舆情报告要尽量全面反映网民的不同看法、观点,更不能避重就轻。在舆情编报过程中要全面客观,尽量客观地体现各方的观念意见,避免听信一面之词,要能反映各方舆情信息。尤其是网络上的言论比较情绪化,有时候非理性的言论会占据上风,更有甚者利用网络"灌水"软件传播自己的言论。因此,编报的内容要全面客观地体现网络舆情原意。

（2）主题鲜明、层次清晰

网络舆情信息的编辑要有一定的主题思想,正文内容是为主题服务的。根据主题的需要进行内容筛选,内容的编辑要围绕主题,体现出主题的中心思想。一篇主题思想不明确的文稿会使决策者不知所措,无法开展工作部署,应对舆情形势,一旦事件爆发就可能造成不可收拾的结果。

内容为主题服务,内容要根据结构的要求有条不紊地展开,层次清晰明了,使阅读者能够轻松易懂地接受主题思想。

（3）认真甄别、避免误读

网络上的信息具有一定的隐匿性,要想真正确认信息发出者的身份必须利用专门的手段方可实现,这也就形成了网民在网络上的相对开放,在网络论坛、新闻跟帖、博客发表等具有匿名性。因此网络上的很多信息未必是真实的,工作者必须认真鉴别,避免误导,造成舆情编报的失败。

（4）信息数据、准确无误

网络上的数据较多,但有些数据是为了吸引网民的眼球,网站构建者自己设置的。避免数据误读最好采用官方的网站数据,不要轻信搜索结果中的数据信息。而且有些舆情信息不是某一个网站具有的专利,各个网站上可能都有,这样也给舆情信息工作者带来了不必要的麻烦,要想找到真实的舆情信息数据必须使用聚合功能。

### 5.3.3　语言要求

网络舆情的内容都是通过语言来表达呈现的,语言文字是决定舆情编辑是否成功的关键因素。不同的应用环境需要不同的语言文字,由于网络舆情信息服务对象的特殊性,服务目的的重要性,对于网络舆情信息的编辑就有着更严格的语言要求。

(1) 行文简明、言简意赅

舆情编辑过程中运用的语言要简明准确、言简意赅,所用言词应该能客观地描述舆情的存在方式和运动状态。不能变成抒发情感的抒情文章,也不能凭主观意愿,夸大缩小或含混不清。舆情信息用语应准确、简练,要体现舆情信息价值。

(2) 归纳提炼、观点准确

在准确表达网络舆情信息内容的情况下,做到语言精练,要以尽量少的文字表达尽量多的内容。语言精练是思维缜密的表现,只有在加强文字修养、夯实文字功底的同时,实际接触所写的客观舆情事物,真正理解和掌握基本的和内在的规律,才能达到这一要求。

(3) 推敲修改、措词严谨

对于舆情内容的编辑不需要过多的修饰,语言只要通俗易懂即可。通过文字、语言深入浅出地传达、交流舆情信息,使舆情内容用语易于为舆情信息使用者所明白和领会,千万不可故弄玄虚,用华丽的语言显示自己水平的高低,很有可能会适得其反。

(4) 详略得当、突出重点

语言详略得当,突出舆情编写的主题目的。详写那些能够说明问题的地方,表达充分详尽。略写那些间接说明问题表达主题的地方,采用简短精要的文字处理即可。

## 5.4 网络舆情信息摘报

### 5.4.1 网络舆情信息摘报概述

网络舆情信息摘报也称为网络舆情信息摘录编报,是对动态性、即时性、内容性的网络舆情信息进行编报。也可以说,网络舆情信息摘报是简要的舆情信息报道,具有简、精、快、新、实、活和连续性等特点。网络舆情信息摘报是由几张纸、几个版面构成的,类似于报纸,具有很强的时效性,是一种专业性强并简短的内部小报。

网络舆情信息摘报具有内容专业性强的特点,是网民对社会公共事务所持有的态度、观念、意见、见解等心理意识的简单编报;具有篇幅特别简短的特点,是区别于其他报刊的最为显著的特点;具有内部使用的特点,在编报机关及报送单位范围内使用,不宜甚至不能公开传播,具有一定的保密要求,不能任意扩大使用范围。

### 5.4.2 网络舆情信息摘报的要素

网络舆情信息摘报从结构上来看分为报头、报核、报尾三个组成部分。

(1) 报头

网络舆情信息摘报报头中间是摘报的名称,一般使用套红印刷大号字体;名称下面是摘报的期号;涉密等级写到报头的右上角;摘报的最下面一行为编报单位及编报日期;报头与报核之间利用一道横线将其分开。

(2) 报核

网络舆情信息摘报报核部分是由目录和几篇简短文章所组成的。目录根据具体的内容多少和层次类别可以进行分类编写，也就是类别目录和具体的文章标题，由于摘报涉及的内容简短，所以目录不必编写相应的序号和指定的页码。网络舆情信息摘报的文章由标题、导语、主体、结尾和背景几部分构成。

（3）报尾

网络舆情信息摘报报尾在摘报的最后一页下部，用一横线与报核隔开，横线下面写明报送的范围，以及撰稿人员、审稿人员、审批人员等信息。

### 5.4.3　网络舆情信息摘报的格式

网络舆情信息摘报具体格式见图 5-1。

```
                                                        密级

              网络舆情信息摘报
                      第（　　）期

     单位名称                                    年　月　日
     _____

                        目　　录


     【国内信息】


     【国际信息】


     【本地信息】




     _____
       报：

       送：
     _____
       撰稿：              审稿：              审批：
```

图 5-1　网络舆情信息摘报格式

# 5.5 网络舆情信息专报

## 5.5.1 网络舆情信息专报概述

网络舆情信息专报是最重要的网络舆情信息编报,是具有专项性、针对性、特殊性的网络舆情信息编报。网络舆情信息专报主要针对突发性网络舆情信息或动态变化的网络舆情信息进行编报,往往需要特事特办、快速处理。专报的编写页数不限,主要以能够陈述网络舆情实际情况为主,具有很强的专项事物处理性质。

网络舆情信息专报具有舆情信息专项性的特点,针对具体的网络舆情信息进行编报处理;具有极强的时效性,编写的网络舆情信息往往涉及重要的情报信息,必须立即处置,甚至可以先上报后编写;具有很强的保密性,由于涉及的网络舆情信息内容具有涉密性,所以不能公开传播,必须利用专门的传递手段进行传送。

## 5.5.2 网络舆情信息专报的要素

网络舆情信息专报从结构上来看与摘报的结构基本相似,分为报头、报核、报尾三个组成部分。

（1）报头

网络舆情信息专报报头中间是摘报的名称,一般使用套红印刷大号字体;名称下面是专报的期号;涉密等级写到报头的右上角;专报的最下面一行为编报单位及编报日期;报头与报核之间利用一道横线将其分开。

（2）报核

网络舆情信息专报报核部分是由所报舆情分析情况及原稿所组成的。网络舆情信息专报的文章由标题、导语、主体、结尾和背景几部分构成。原稿要使用原始的信息,不能进行提炼编辑。

（3）报尾

网络舆情信息专报报尾在专报最后一页的下部,用一横线与报核隔开,横线下面写明报送的范围,以及撰稿人员、审稿人员、审批人员等信息。

## 5.5.3 网络舆情信息专报的格式

网络舆情信息专报具体格式见图 5-2。

密级

**网络舆情信息专报**

第（　　）期

单位名称　　　　　　　　　　　　　　　　　　　　年　月　日

---

**标　题**

信息主体

原文附后

---

报：

送：

---

撰稿：　　　　　　　　审稿：　　　　　　　　审批：

图 5-2　网络舆情信息专报格式

## 5.6　网络舆情信息综合编报

### 5.6.1　网络舆情信息综合编报概述

网络舆情信息综合编报通常是重大决策、重要部署、重要活动、突发事件等全方位多方面的网络舆情综合编报，综合编报是舆情编报中最为具体详细的舆情编报形式，通常编报的内容较为复杂，需要全面认真的分析，才能发现苗头，预测发展趋势。

网络舆情信息综合报道具有内容专业性强的特点，是网民对社会公共事务所持有的态度、观念、意见、见解等心理意识的简单编报；具有篇幅特别简短的特点，是区别于其他报刊的最为显著的特点；具有内部使用的特点，在编报机关及报送单位范围内使用，不宜甚至不能公开传播，具有一定的保密要求，不能任意扩大使用范围。

### 5.6.2　网络舆情信息综合编报的要素

网络舆情信息综合编报从结构上来看也是由报头、报核、报尾三个部分组成的。

（1）报头

网络舆情信息综合编报报头中间是摘报的名称，一般使用套红印刷大号字体；名称下面是综合编报的期号；涉密等级写到报头的右上角；综合编报最下面一行为编报单位及编报日期；报头与报核之间利用一道横线将其分开。

（2）报核

网络舆情信息综合编报报核部分是网络舆情信息分析研判的过程。网络舆情信息综合编报的文章由标题、导语、主体、结尾和背景几部分构成。

（3）报尾

网络舆情信息综合编报报尾在最后一页下部，用一横线与报核隔开，横线下面写明报送的范围，以及撰稿人员、审稿人员、审批人员等信息。

## 5.6.3 网络舆情信息综合编报的格式

网络舆情信息综合编报具体格式见图 5-3。

密级

**网络舆情信息综合编报**

第（　　）期

单位名称　　　　年　月　日

---

**标　　题**

信息体　概括描述
观点一
论述
观点二
论述
观点三
论述

---

报：
送：

---

撰稿：　　　　审稿：　　　　审批：

图 5-3　网络舆情信息综合编报格式

# 习 题 5

① 网络舆情信息编报的流程是什么？

② 网络舆情信息编报的种类有哪些分类方法？

③ 网络舆情信息编报的选题要求是什么？

④ 网络舆情信息编报的内容要求是什么？

⑤ 网络舆情信息编报的语言要求是什么？

⑥ 网络舆情信息摘报的格式要求是什么？

⑦ 网络舆情信息专报的格式要求是什么？

⑧ 网络舆情信息综合编报的格式要求是什么？

# 第6章

# 网络舆论引导

**教学目的**

① 了解网络舆论引导现状；

② 掌握网络舆论引导方法；

③ 掌握网络舆情引导方式；

④ 掌握网络舆论信息控制方法。

随着网络技术的飞速发展，人们已经逐渐开始使用互联网，常常会在网络中发表一下自己的观点意见，多数人意见的汇集形成了舆论，网络舆论已经成为舆情研究的主要内容之一。网络舆论的出现，促进过社会的发展，对有关部门的决策和施政起到过积极的作用。也不排除，网络舆论的出现有时也会扰乱社会的正常秩序，影响国家的安全与稳定。网络舆论就像一把双刃剑，利用好了可以促进社会发展，利用不好则会影响社会前进，甚至影响国家的安危。目前，我国各级政府机关都对网络舆论较为重视，但如何进行引导还处于摸索阶段，没有形成统一的引导机制。因此，有必要对网络舆论的引导加以研究，促进网络舆论的良性发展，避免网络舆论的危害发生。

## 6.1　网络舆论引导现状

网络舆论是网民心理意识汇集的体现，首先需要了解网络舆论应不应该监控和引导，目前的网络舆论引导现状如何，通过网络舆论引导现状分析，提出相应的引导策略。

### 6.1.1　网络舆论引导需求

互联网刚刚出现的时候，人们认为网络世界是完全自由的、是随心所欲的，没有现实世界的约束，更没有法律的制裁。于是有人宣扬：网络世界里人们是完全自由的，是公民行使权利的重要体现，是公民政治权利的具体体现。于是网民为了达到个人目的，不惜利用各种方法和手段，完全不顾及他人的想法和意见，有些网民认为这就是真正需要的自由。

然而，任何民主自由在损害他人利益时取得的"自由"都是对他人利益的践踏，是不应该拥有的自由。如果将个人的"自由"建立在他人的痛苦之上，就不能称其为自由，而是对他人的权利的践踏。这种肆无忌惮的"自由"有时也会损坏道德民俗，违背法律意志，现在人们已经意识到了这种应该对"自由"加以约束和制裁。

网络舆情的表达自由是有保障的自由和加以控制的自由,是自由与控制的统一体[①]。过分、非法地控制,就无法保障舆情表达自由;对舆情表达自由的保障又隐含着对滥用表达自由的限制,体现了自由与控制的相对性。控制舆情表达自由的滥用也是为了更好地保障表达的自由,为了有效保障表达自由又必须控制表达自由的滥用,体现了自由与控制的统一。因此,网络舆情表达不应是表达的滥用,应该进行必要的、合理的限制,从而体现网络舆情的自由。

### 6.1.2　网络舆论引导现状概述

人们已经认识到了网络舆论的重要性,同时也意识到了应该对网络舆论加以监控和引导,但人们在引导过程中遇到了种种问题,并且不知如何进行处理,具体表现情况如下。

（1）对网络舆论有关注,但不分析

社会重大事件的出现,往往都会在网络上引起舆情的出现,网民朋友都会对这些事件给予极大的关注。与此同时,舆情工作者也对此给予了极大的关注,这种关注停留在事件本身的关注,是新闻信息的阅读,没有对舆论信息给予关注和分析,成为了一名真实的新闻阅读者,不懂舆论分析也就不会引导,结果就造成了网络舆论的无引导。

（2）对网络舆论有跟踪,但不引导

随着重大事件的发生、变化,舆情工作者往往会进行新闻跟踪,但不会干预、引导,而是任其自由发展,真正成为了网络新闻关注者,彻底成为了网络普通民众,完全忘记了本职工作。

（3）网络舆论引导粗暴简单

有些舆情工作者发现舆情出现会给予关注,并向领导进行汇报,但对舆论引导比较简单,没有谋略,只是简单地删除舆论信息,抱着不被领导或其他网民看见就行的态度,实际上就造成了网络舆论的打压和过度的控制。

（4）网络舆论引导单打独斗

有些网络舆情工作者对网络舆论给予了关注,在事件并不完全为人们知晓的情况下制订了舆论引导计划,结果成了瞎指挥、乱引导,被网民一眼识破,适得其反,没有将舆论引导下去,反而使其愈演愈烈。

（5）领导不重视

网络舆情工作者搜集了舆论信息,认真地进行了分析编报,但到了领导决策的时候,领导不重视,不指挥相应的职能部门进行联合作战,也就造成了舆情工作者不知该如何进行引导工作。

## 6.2　网络舆论引导方法

根据心理学对人的意识形态进行研究,改变人的观念原理有多种,但涉及网络舆论引导改变人的观念意识时,主要方法有公布事实说服教育、借力发挥心理暗示、发挥组织团

---

体影响等。

## 6.2.1 公布事实说服教育

网络舆情之所以产生是由于网民对社会事务的关心,是个人意志的体现。在网民发表网络舆情信息时也是基于一定的事实信息依据的,有时这种依据信息是片面的或错误的,误导了网民产生不正确的意识形态,从而也就形成了错误的网络舆论。要想改变网民的心理意识形态,避免片面的或错误的信息影响网民的意识,就应该让网民了解真实的事实情况,使公共事务透明化、公开化,从而使网民的意识进行转变,达到网络舆论的引导效果。

说服教育的过程也是信息传递的过程,信息传递过程主要是信息传播者在一定的环境下通过语言表达等方式传递信息,使接收者领会信息的内容,产生接收者的意识形态。在这个传播过程中,传递的信息内容直接关系信息的传递效果,信息内容的真实性也会影响信息的传递效果;信息传递过程中传递者的身份角色也影响着传递效果,要想使传递效果好,最好选择专家学者、知名人士、国家机关等接收者可以信赖的人进行信息传递,例如采用政府微博、专家评论等形式,提高舆情引导的效果;信息传递的环境同样影响着传递效果,不受任何干扰的环境有助于接收者对信息的理解,纷繁复杂的环境影响着接收者的思维,在网络环境中干扰信息复杂多变,不过也可以适当地提供信息传递环境,例如官方微博、知名网站首页、论坛置顶议题等,让网民在尽可能不受干扰的环境下进行信息接收;接收者的固执程度也影响着信息传递效果,通过不断的学习和实践,提高人们的意识形态,提高引导效果。

## 6.2.2 借力发挥心理暗示

暗示方法就是利用含蓄、间接的方法对他人施加影响的一种方法。暗示不是利用直接说服教育,而是通过多种方式以身作则,潜移默化之中进行影响接收者的意识。网络舆论也可以利用暗示的方法进行引导。暗示的形式有多种,可以有详尽描述的文字、生动趣味的图画、现实说法的声音、身临其境的视频等,通过暗示内容进行启发、渗透给接收者意识信息,从而达到转变意识形态的作用,进行网络舆论引导。

网络舆论引导可以通过典型案例或类似事件的形式进行暗示,达到舆论引导的目的。案例的选择要具有典型性、影响性、广泛性、吸引性等特点,接收信息者要对典型案例有兴趣、有关注,通过典型案例的阅读能够渗透舆论引导思想,达到舆论引导的作用。通过类似事件进行引导,事件的选择要有相似性、比较性,在事件的性质上下工夫,寻找类似事件进行暗示,通过事件暗示的作用达到舆论引导的效果。

网络舆论引导也可以通过相关法律、法规和条例规章制度等形式进行暗示,通过对制度的宣传教育,使受众者明白其中的利害关系,做出正确的事物判断,避免不正确的情绪出现,防止不好的舆论信息爆发,从而达到舆论引导的作用。

### 6.2.3　发挥组织团体影响

任何形式的个体都是生活在群体组织中的一员,遵守组织团体的有关规定和要求,按照要求进行相应的组织活动。在网络世界里,同样是一个组织群体,遵守有关的规定和要求,网站必须经过审批同意后才能运行,也就必须符合网站的有关要求规定,网站的管理者具有监控日常信息的责任,对不符合要求的舆论信息应该监控。网络论坛同样是一个组织,进入论坛必须符合版主的有关规定,版主同样也具有监督管理论坛信息的责任。即时聊天中的群主对聊天群中的组织言行也应具有相关的监督责任。网络讨论活动是有组织的活动,必须建立网络的相应规章制度才能监督网络信息。

任何网民也是生活在现实社会中的一员,也是现实社会组织成员的组成部分,必须符合现实社会组织的有关规定,对待网民的网络舆论可以通过网络组织进行相应的约束,也可以转变到现实生活中利用组织群体的力量进行说服教育,从而发挥网络舆论的引导作用。

## 6.3　网络舆论引导方式

网络舆论的引导方法是总结理论内容,通过理论可以转变成多种形式的具体引导方式,可以分为网络舆论引导方式和非网络舆论引导方式两种,面对具体的舆论内容选择相应的引导方式,也可以多种引导方式共同使用。

### 6.3.1　非网络引导方式

非网络引导方式是指不利用互联网进行舆论引导的一种方式,而且也是最直接、作用效果最好的引导方式。非网络引导方式受众面积广泛,说明事物更加准确真实,更容易让人们接受,使其改变原有的心理意识。

(1)公布事实,新闻发布

舆论引导作用效果最好的方式就是公布事实真相,还民众对事物的知情权,通过事实说明改变人们的意识形态,引导舆论朝着有利于社会稳定的方向发展。公布事实不是小声宣布,而是大张旗鼓地让人们知情,公布事实是正义的宣扬,所以应该公开宣布事实,有条件的情况下可以召开新闻发布会,召集记者进行新闻发布,借助媒体的力量扩大宣传。

(2)新闻报道,公布于众

公布事实的渠道影响舆论的引导效果,渠道越广泛、形式越多样舆论的引导效果就越好。新闻报道可以借助报纸、电视、广播等多种宣传渠道,新闻媒体的影响范围越大越好。报道的形式要多样性,既要有文字的说明还要有声音、视频的报道,多种形式共同促进舆情的引导。报道的内容越接近事实越好,千万不要犹抱琵琶半遮面,公布一半、保留一半,让事物完全透明化才能达到舆论引导的最佳效果。

(3)深度解剖,新闻评论

舆论涉及的社会事务公布之后,最好再邀请专家学者进行深度剖析,分析社会事务的前因后果,对百姓进行说服教育,明白事务的真正道理。同样也可以采用多种形式的新闻评论,利用评论员的聪明才智评说事务的来龙去脉和是非曲直,通过对社会事务的深度剖析,使公共事务完全透明化、公开化,达到舆论引导的效果。

## 6.3.2 网络引导方式

网络舆论引导方式就是指利用各种网络工具进行舆论引导。网络舆论来源于现实、传播于网络,非网络引导方式是对现实的一种澄清,网络舆论的引导是通过传播渠道进行的。

(1) 官方微博,发布事实

舆情引导最为关键的因素就是公布事实,涉及各个职能部门的公共事务利用网络进行舆情引导最好的方式就是开通微博,通过微博公布事实,同时进一步搜集网络舆情信息,确定下一步的工作方针。官方微博是网民比较信赖的信息来源,也是对职能部门的信赖,让这种信赖关系运用到舆情引导上来,还网民的公共事务知情权。

(2) 网站自管,新闻聚焦

知名网址是网民上网浏览新闻的主要场所,也是百姓关注内容的聚集地,所以应该借助网站的知名度进行网络舆情引导。有些网站总是喜欢巧立名目,以打擦边球的方式吸引网民的眼球,违规传播虚假新闻,网站应该加强自律监控,通过网络的规章制度进行规范管理,使其成为网络媒体载体和社会舆论的引导场所。

(3) 版主审查,监督舆论

由于网络论坛是网民自由发布信息的主渠道,也就成为了网络舆论的主阵地。既然是主阵地也就是兵家必争之地,舆情传播者希望利用网络论坛的影响传递舆情信息,同样舆情引导者也希望利用网络阵地进行舆论引导,然而事实并不尽如人意,不是被网民指为"五毛党",就是让其滚出去。网络论坛引导最好是在事实公开透明的情况下进行,在事实不清的情况下妄加引导,只能是火上浇油,让舆情愈演愈烈,产生适得其反的作用。网络版主也应该加强审查,既然拥有版主的荣誉就要肩负起责任,保证网络论坛的清洁环境。

(4) 意见领袖,发挥作用

网络舆论引导也要充分利用意见领袖的作用,给他们一定的空间,对公共事务进行细论评说。网络上的意见领袖主要是指网民比较拥护爱戴的意见发言人,知名博客的博主、网络论坛中的版主、聊天群中的群主都是网络上的意见领袖,同样相关领域的专家学者、知名人士也是意见领袖。意见领袖在网民眼中具有一定的地位,所以网络舆论引导应该发挥意见领袖的作用。

(5) 网民自律,公布政策

对于网络舆论的接收者,网民也应该参加到舆论引导中来,以区分事实真伪,引导网络舆论的发展,创造良好的上网环境。网民参与舆论引导要具备一定的条件,通过对事物的分析,让事物任意发展可能会影响网民的切身利益,影响网民的正常生活,因此应使网民自愿参加到网络舆论引导中来。网民舆情引导也可以让网民认清事实和相应的法律政策,明白事物的是非曲直,使网民愿意参加到舆论引导中来。网民的自律和网民的引导是网络舆论引导的最佳状态,能使舆情引导的效果最好。

## 6.4　网络舆论信息控制方法

网络舆论是网民心理活动意识的体现,对网络舆论而言应以疏导为主,以控制为辅,也可说以软着陆为主,以硬着陆为辅。网络舆论的疏导是利用说服教育改变网民的意识形态,引导舆论朝着正确的方向发展。而网络舆论控制是利用强制手段避免舆论所带来的不良影响,维护社会秩序保护人民安全。网络舆论控制又可以分为技术控制和法律处理两种方法,技术控制是指以网络技术为主避免舆论带来的不良影响。

### 6.4.1　有害舆论,立即删除

有害舆论信息是指舆论信息具有颠覆国家政权、破坏国家统一、破坏民族团结、破坏法律法规的实施、扰乱社会秩序等危害性内容的信息。网络有害舆论信息一经出现应该立即删除,避免其进一步扩散,造成更坏的影响。删除的方法比较简单,但其必须具备两个条件。一是具有删除的权限;二是涉及的信息必须具有有害性。有害舆论信息删除要谨慎使用,不要一出现舆论就进行删除,删除属于强制执行,而非舆论处理的最佳选择,只因舆论内容具有有害性才执行删除操作。

### 6.4.2　控制舆论,技术过滤

当有害舆论信息出现时,可能会在网站上传播,可能引发特定主体的炒作,应该对网站执行过滤措施。网站过滤是指对网站上的内容进行过滤,经过对有害舆论信息关键字的提取,设置关键字过滤功能,禁止有害舆论信息的出现。网站过滤也可以指对网站功能的过滤,避免该类主题或相关信息搜索功能的出现,防止有害舆论信息扩散。过滤措施是对网站功能的设置,关键字的提取与设定是技术过滤的关键,既要避免有害舆论信息的出现也要保证正常信息的存在。

### 6.4.3　有害肆虐,断网查处

当有害舆论信息出现在网站上,而又无法对其进行删除时,为了避免可能造成的重大影响,可以进行网站断网。网站断网是以无法删除有害舆论信息为前提条件的,以避免造成重大的影响为目标,但与此同时也会造成网站无法提供网站服务功能,所以网站断网更应该谨慎使用。

### 6.4.4　境外渗透,封堵地址

由于各国具体情况不同,将具有有害信息的网站构建在境外,以此达到避免删除、封堵、断网的目的,防止有害信息进行大面积传播。出现此种情况可以进行地址封堵,使网民不能进行访问,达到有效控制有害信息传播的目的。

# 习 题 6

① 目前我国网络舆论引导的现状是什么？

② 网络舆论引导的具体方法有哪些？

③ 网络舆论引导的非网络引导方式有哪些？

④ 网络舆论引导的网络引导方式有哪些？

⑤ 网络舆论信息控制方法有哪些？

实　践　篇

# 第7章

# 互联网服务器信息搜集

**教学目的**

① 了解服务器信息搜集的意义；

② 掌握服务器信息搜集的方法；

③ 掌握服务器信息核实的方法。

## 7.1 服务器信息搜集的意义

　　网络舆情信息是以网络为载体的舆情信息，网络舆情监控工作主要针对网上的舆情信息开展工作。所以，研究网络舆情首先要研究网络，研究网络上的信息载体服务器，服务器信息的掌握对开展网络舆情信息工作具有重要的作用。

　　(1) 互联网服务器是网络舆情信息的聚集地

　　网民每天上网主要登录的就是互联网服务器，通过服务器的各种服务软件满足网民的意愿需求。网民发布的个人心理意愿信息也主要是存储在互联网服务器上的，互联网服务器就是网络信息存在的主要场所，是网络舆情的聚集地。

　　(2) 互联网服务器是网络舆情搜集的对象

　　既然互联网服务器是网络舆情信息的聚集地，那么网络舆情信息搜集对象也就成了互联网服务器。通过对互联网服务器进行信息搜集，能够得到大量网民舆情信息，互联网服务器对于舆情信息搜集至关重要。

　　(3) 互联网服务器是网络舆情导控的主阵地

　　互联网服务器是网络舆情信息的存在地，要想网络上的舆情信息朝着正确的方向发展，就必须利用服务器引导网民的舆论导向。互联网服务器也就成为了网络舆情工作者工作的主要阵地。

　　(4) 互联网服务器是网络舆情处理的网上场所

　　互联网服务器是网络舆情的存在地，有些时候需要对网络有害信息进行相应的处理，例如有害信息的删除、过滤、断网等操作，主要针对的就是互联网服务器。所以，互联网服务器就成为了网络舆情处理的主要网上场所。

**7.2** **服务器信息搜集的方法**

服务器信息搜集的方法有以下三种。

## 7.2.1 管理统计法

互联网服务器的架设首要经过行政审批,到相关的业务部门填写互联网服务器开通的信息内容,主要有网站基本信息(网站名称、网站 IP 地址、网站域名、网站服务电话、网站办公地址等)和网站所有者信息(单位名称、单位住所、网站法人等),如表 7-1 所示为新浪网站备案的基本信息,经过审批同意后方可开通。

表 7-1 新浪网站备案的基本信息

| 网站基本情况 | |
| --- | --- |
| 网站名称 1 | 新浪网 |
| 网站名称 2 | sina |
| 域名 1 | www.sina.com.cn |
| 客户服务电话 | 4006900000 |
| 客户服务 E-mail | webmastercn@staff.sina.com.cn |
| 网站办公地址 | 北京市海淀区北四环西路 58 号理想国际大厦 1611 室 |
| 网站所有者情况 | |
| 网站注册标号 | 0102000102300001 |
| 注册号 | 110108000924323 |
| 名称 | 北京新浪互联信息服务有限公司 |
| 住所 | 北京市海淀区北四环西路 58 号理想国际大厦 1611 室 |
| 注册资本 | 12 000 万元 |
| 企业类型 | 有限责任公司(自然人投资或控股) |
| 经营范围 | 许可经营项目为:互联网信息服务 |
| 营业期限 | 自 1999 年 10 月 28 日至 2019 年 10 月 27 日 |
| 法定代表人姓名 | 汪延 |

## 7.2.2 技术统计法

技术统计法就是利用软件工具进行技术搜索,首先设定网络搜索的 IP 地址段(实际网络监控工作中可以从网络运营商处得到所属地区的 IP 地址段),将隐藏的互联网服务器挖掘出来,固定服务器的基本信息。软件工具在网络上有很多,例如:eScanPort、FastIPScan、ssPort、SuperScan、Scanner、IPScan 等扫描软件,下面以 SuperScan 扫描软件为例进行 IP 地址段扫描。

首先安装 SuperScan 软件,运行应用程序主界面如图 7-1 所示。

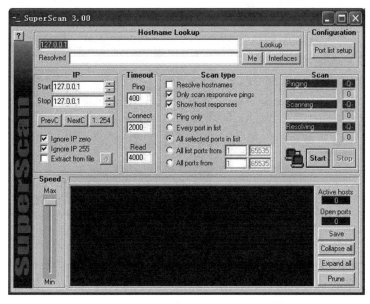

图 7-1　SuperScan 扫描软件

在主界面的 IP 地址段设置中设置需要扫描的起止段,如图 7-2 所示,设置扫描开始地址为 201.47.128.1,结束地址为 210.47.128.30。单击 Port list setup 按钮,弹出扫描端口设置界面,如图 7-3 所示。右下角显示的是已经选择好的端口扫描设置,只要在上面进行双击就可以更改端口设置情况。常用的服务端口及提供的服务如下。21 端口提供 FTP 服务(用于架设 FTP 服务器)、25 端口提供 SMTP 服务(用于架设发送邮件服务器)、80 端口提供 HTTP 服务(用于架设万维网服务器)、110 端口提供 POP3 服务(用于架设接收邮件服务器)。设置完端口扫描参数之后,单击 OK 按钮,保持设置,返回主界面。在主界面单击 Start 按钮就可以开始 IP 地址及端口扫描了,在扫描过程中将显示 IP 地址及端口扫描结果,如图 7-4 所示。

图 7-2　IP 地址起
　　　止段设置

在搜索结果中可以看到 210.47.128.2 服务器提供了电子邮件收发服务和超文本链接服务,210.47.128.15 服务器提供了文件传输服务和超文本链接服务,最后单击 Save 按钮,保存扫描结果。

## 7.2.3　信息浏览法

通过备案可以查询网站服务器信息,通过技术可以搜集服务器信息,还有一种方法就是浏览网站获取网站信息。一些网站为了扩大自己的业务和宣传联系的方便,往往会在网页上留有相应的网站信息,这些信息也是网站信息,这对于开展后续工作也十分有意义。

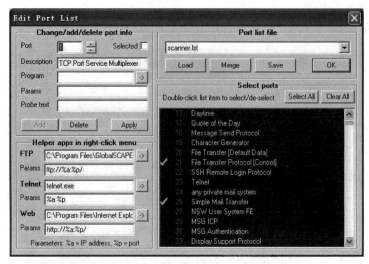

图 7-3　端口设置界面

例如浏览 www. leode. cn 网站信息,可以直接打开浏览器,在地址栏中输入相应的域名,在网页中就能查询到网站所有者的电话、传真、手机、QQ 号、电子邮箱、微博、地址等很多关于网站的信息,如图 7-5 所示。还可以与备案查询、技术搜索结合起来搜集网站更加详细的信息。

图 7-4　IP 及端口扫描结果

图 7-5　网站信息浏览

# 7.3　服务器信息核实的方法

在进行互联网服务器信息搜集之后,要核实服务器信息是否真实。确保后期对互联网服务器进行处理的时候,能够快速有效地开展工作。互联网服务器的核实工作可以通过服务器 IP 地址所在的运营商进行,也可以通过网上查询进行。

IP 地址归属地查询在互联网上有很多查询网站,例如:IP138 查询网站、新浪百事通网站、123CHA 网站、中国互联网络信息中心网站等,都可以进行 IP 地址查询。进行 IP

地址查询时最好以官方网站查询为主,查询结果相对准确一些。下面以中国互联网络信息中心为例进行查询。

首先打开浏览器,在 URL 地址栏中输入 www.cnnic.net.cn 进入中国互联网络信息中心网站,选择左侧的 IP 地址查询,输入 IP 地址,例如 210.47.128.15,单击"查询"按钮,就可以将查询结果显示出来,如表 7-2 所示。

**表 7-2　IP 地址信息查询结果简表**

| IPv4 地址段 | 210.47.128.0～210.47.143.255 | 姓名 | MingZhang Xu |
|---|---|---|---|
| 网络名称 | CCPC-CN | 通信地址 | Network Information Center |
| 单位描述 | ～{VP9zPLJB＞/21Q'T：～} | 通信地址 | China Criminal Police College |
| 单位描述 | China Criminal Police College | 通信地址 | ShenYang,LiaoNing110035,China |
| 单位描述 | ShenYang,LiaoNing110035,China | 国家代码 | CN |
| 国家代码 | CN | 办公电话 | ＋86-024-86724561 ext. 2233 |
| 管理联系人 | MX9-AP | 邮件地址 | nic-staff@synet.edu.cn |
| 技术联系人 | TL45-AP | 联系代码 | MX9-AP |
| 技术联系人 | CER-AP | 更新邮箱 | |
| 备注 | origin AS4538 | 维护账号 | MAINT-NULL |
| 修改记录 | Hm-changed@net.edu.cn 19990716 | 修改记录 | hostmaster@net.edu.cn 19990716 |

通过 IP 地址查询只能知道该 IP 地址隶属于哪个单位,但并不知道架设的服务器是否经过备案,可以通过域名备案登记信息进行查询,也可以通过反查系统来核实备案情况。例如爱站网站就提供了这种功能。

首先打开浏览器,在 URL 地址栏中输入 dns.aizhan.com 进入网站,在网页的输入查询地址中输入前期扫描到的 IP 地址,例如 210.47.128.15,单击"查询"按钮,就可以查询具体的域名备案情况了,如表 7-3 所示。

**表 7-3　IP 地址反查域名结果**

| 该 IP 210.47.128.15 是辽宁省沈阳市,共有 2 个域名解析到该 IP ||
|---|---|
| 域　　　名 | 标　　　题 |
| www.ccpc.edu.cn | 中国刑事警察学院 |
| zs.ccpc.edu.cn | 中国刑事警察学院招生迎新网 |

# 习　题　7

① 目前,我国网络运营商主要有哪些? IP 地址怎样分配? 将部分查询结果保存于表 7-4 中。

表 7-4　运营商 IP 地址分配统计表

| 运　营　商 | IP 地址 |
|---|---|
|  |  |
|  |  |
|  |  |

② 选择某单位 IP 地址段,在中国互联网信息中心网站(www. cnnic. cn)上进行核查,将核实结果填入表 7-5 中。

表 7-5　IP 地址核查信息表

| 单位名称 |  |
|---|---|
| 地址段范围 |  |
| 单位描述 |  |
| 联系人 |  |
| 通信地址 |  |
| 联系电话 |  |
| 电子邮件 |  |
| 网络运营商 |  |

③ 对该单位网站上的信息进行搜集,记录网站的 URL、IP 地址、联系电话、联系人、单位名称、单位 IP 地址段、通信地址、邮政编码、QQ 号码、电子邮箱等相关信息,将结果保存于表 7-6 中。

表 7-6　网站浏览信息搜集表

| 网站的 URL |  |
|---|---|
| IP 地址 |  |
| 单位名称 |  |
| 单位 IP 地址段 |  |
| 联系电话 |  |
| 联系人 |  |
| 通信地址 |  |
| 邮政编码 |  |
| QQ 号码 |  |
| 电子邮箱 |  |

④ 在互联网上搜集两种服务器扫描软件,并对服务器扫描软件的使用进行练习,熟

悉软件的主要功能,将扫描软件功能填入表 7-7 中。

**表 7-7　扫描软件功能信息表**

| 软 件 名 称 | 主 要 功 能 |
|---|---|
|  |  |
|  |  |

⑤ 搜集某单位 IP 地址段,并利用搜集到的服务器扫描软件对该 IP 地址段进行扫描,记录下相应的 Web、Mail、FTP 服务 IP 地址,填入表 7-8 中,如有非常用的服务信息则填入其他服务一栏中。

**表 7-8　网络服务扫描信息表**

| | |
|---|---|
| Web 服务 IP |  |
| Web 名称 |  |
| Mail 服务 IP |  |
| Mail 名称 |  |
| FTP 服务 IP |  |
| FTP 名称 |  |
| 其他服务 IP |  |
| 服务名称 |  |

⑥ 对搜集到的该单位的各种类型的服务器进行访问,观察访问效果,填入表 7-9 中。

**表 7-9　服务信息核查表**

| 服 务 IP | 服 务 类 型 | 服 务 效 果 |
|---|---|---|
|  |  |  |
|  |  |  |
|  |  |  |

⑦ 搜集 IP 地址查询网站,并将网站所属单位及主要功能填入表 7-10 中。

**表 7-10　查询网站核实表**

| 查询网站名称 | IP | 所 属 单 位 | 功　　能 |
|---|---|---|---|
|  |  |  |  |
|  |  |  |  |
|  |  |  |  |

⑧ 根据 IP 地址反查注册域名,从而判断哪些域名是注册域名,哪些域名是非注册域名。对某单位 IP 地址段 210.47.128.0～210.47.128.255 进行 Web 服务查询,在 dns.

aizhan.com 网站上判定哪些是注册 Web 服务 IP,哪些是非注册 Web 服务 IP,将结果存于表 7-11 中。

**表 7-11　域名信息核查表**

| Web 服务注册 IP | |
|---|---|
| Web 服务注册 IP | |
| Web 服务非注册 IP | |
| Web 服务非注册 IP | |

# 第8章 涉及属地信息网站搜集

**教学目的**
① 了解涉及属地信息网站搜集的意义；
② 掌握涉及属地信息网站的类型；
③ 掌握网站信息搜集的方法；
④ 掌握涉及属地信息网站的管理方法。

## 8.1 涉及属地信息网站搜集的意义

网络舆情是网民发表的意见言论，舆情发起于网民，受之于大众，发起者希望有更多的人参与，将舆情转变成舆论。为了使受众群体广，所以选择大的网站进行发布；为了能够激起网民的共鸣，所以选择主题比较贴近的栏目版块进行发表；涉及属地内容的舆情信息也会选择属地的网站进行发布，从而使得舆情信息发表之后得到更多网民的支持，吸引更多网民的参与。因此，涉及属地信息的网站或栏目版块就成为了地方舆情工作者选择的主阵地之一，研究涉及属地信息的网站对于地方舆情信息有着重要的意义。

## 8.2 涉及属地信息网站的类型

按照涉及属地信息所占网站信息总量的多少，网站可以将分为属地信息网站和属地栏目网站两种。

（1）属地信息网站

属地信息网站主要是指网站上的信息绝大部分都是属地的信息内容，网站多为属地单位机构所办，面对的用户主体以本地网民为主，信息以本地信息为主。属地信息网站并不是属地网站，属地网站一般是指在属地范围内的网站，但是属地网站有的时候规模较大影响较广，已经不再局限于本地信息内容了。甚至有些本地网站是异地服务器的托管，根本与本地信息无关，完全属于异地信息内容的网站，这类网站也就不能称其为本地信息网站，但可以称为本地网站。

（2）属地栏目网站

一些大型的网络往往包罗全国信息的，不仅局限于属地的信息，但是这类网站往往会开通属地的栏目版块，不同地区的网民浏览不同的属地信息内容，这类网站被称为属地栏目网站。属地栏目网站因其网站知名度较高,所以网民数量众多。因具有各地信息、各地网民关心的属地内容,因此不乏属地网民的属地信息浏览。属地栏目网站开通的属地内容众多,有属地新闻、属地论坛、属地微博等,是属地网民较为理想的网上聚集地。

在网络舆情监控过程中既要监控属地信息网站,也要监控属地栏目网站。只要网上涉及属地信息内容的网站、栏目版块都是舆情信息工作者搜集信息的主阵地、主战场。

## 8.3 网站信息搜集的方法

既然涉及属地信息网站是属地舆情信息的聚集地,就应该搜集、掌握这些网站。根据涉及属地信息网站的类型不同搜集方法也不同。

### 8.3.1 属地信息网站的搜集

(1) 备案搜集

本地信息网站要想合法地正常运行,必须经过审批才行。可以通过业务审批部门备案信息进行属地信息网站搜集,这是最为简便快捷的方法。有些没有备案的信息就需要通过其他方法进行网站信息搜集了。

(2) 链接搜集

有些具有业务关联的单位在网站上通常具有相互链接的功能,方便业务之间的往来,提高工作效率。例如通过沈阳市公安局网站(www.syga.gov.cn),就能够快速地搜集到相应县、分局的网站地址,如图 8-1 所示,能够快速地搜集到上级及同级的网站链接,如图 8-2 所示,方便了同类网站信息的搜索。通过链接网站能够快速地搜集相关网站的信息,迅速丰富网络舆情搜集资源库。

图 8-1　县、分局网站链接信息

图 8-2　相关业务部门链接

(3) 导航搜集

网址导航网站是方便网民快速寻找需要网站的汇总网站,是大量网址的分类汇总,通过类别选择,逐级进行筛选,最后查找到所需网站。网络舆情工作者也可以通过网址导航网站搜集属地信息网站。现在的网址导航网站较多,例如 hao123 网址导航、360 安全网址导航、百度网址大全、搜狗网址导航等,都具有网址导航的功能。

利用 hao123 网址导航进行涉及属地信息网站搜集。打开浏览器,在浏览器地址栏中输入 URL 地址 www.hao123.com 进入网址导航,在网页的下部选择地方网站栏目,进入全国网站地图,选择对应的省份,如辽宁省,就可以看到网址导航的辽宁省地方网站了,如图 8-3 所示,从而可以进行涉及属地信息网站收集工作。

| 当前位置:首页 > 辽宁 | | | | |
|---|---|---|---|---|
| 新闻 (12) | 东北新闻网 | 辽宁省政府 | 辽宁电视台 | 辽宁新闻网 | 辽一网 |
| | 民心网 | 大连新闻网 | 沈阳电视台 | 千华网 | 大连晚报 |
| | 大连海力网 | 凤凰网辽宁 | | | |
| 各地 (11) | 北国网 | 辽阳信息港 | 海力网 | 铁岭信息港 | 沈阳网 |
| | 鞍山信息港 | 丹东新闻网 | 沈阳热线 | 世纪星 | 大连新青年网 |
| | 锦州在线 | | | | |
| 通信 (3) | 辽宁移动 | 辽宁联通 | 辽宁电信 | | |
| 交通 (8) | 沈阳公交网 | 百度地图沈阳 | 沈阳交通违章查询 | 大连机场 | 大连公交网 |
| | 沈阳地铁 | 大连智能交通信息网 | 虎跃快客 | | |
| 房产 (5) | 购房者网站 | 搜房沈阳 | 大连住房公积金网 | 沈阳住房公积金 | 锦州房产网 |
| 教育 (6) | 辽宁招生考试之窗 | 辽宁会计网 | 辽宁人事考试网 | 沈阳招生考试网 | 大连会计网 |

图 8-3　导航地方网站

（4）搜索引擎搜集

搜索引擎是网上搜索信息的工具,也可以用于搜集属地信息网站,可以在搜索引擎中输入所要搜集的网站名称或机关单位名称,如果网络中含有该类网站就会显示出搜索结果,丰富舆情信息监控的资源数据库。搜索引擎的灵活应用将在第9章中详细介绍,本章只是简单应用。

（5）扫描搜集

扫描搜集就是利用第7章介绍的扫描工具软件,对地方运营商分配给各单位的 IP 地址段进行扫描。

## 8.3.2　属地栏目网站的搜集

属地栏目网站是指各大知名网站的属地信息栏目,要想搜集属地信息栏目,首先要搜集各大知名网站,再搜集知名网站里的属地栏目版块。

（1）门户网站属地栏目搜集

门户网站就是指通向某类综合性互联网信息资源,并提供有关信息服务的应用系统。门户网站是每天网民浏览网络信息的主要渠道,全国各大网络媒体都有门户网站。门户网站不仅提供了全国新闻信息,而且根据登录者 IP 地址的不同可判断其所在的城市,从而为其提供本地新闻,具有较强的个性服务功能。由于网站数量众多,现在的门户网站竞争很激烈,为了吸引并留住网民网站运营人员可以说是绞尽脑汁,网民往往对知名门户网站情有独钟。研究知名门户网站,了解网络舆情,一般全国知名的门户网站是首选,全国门户网站排名如表 8-1 所示[①]。

---

① http://top.chinaz.com/list.aspx? t＝247,站长之家,门户网站排行榜.

表 8-1　全国门户网站综合排名

| 网站名称 | 域　名 | 综合排名 | 分　数 |
|---|---|---|---|
| 腾讯网 | www.qq.com | 1 | 4437 |
| 新浪网 | www.sina.com.cn | 2 | 4437 |
| 网易 | www.163.com | 3 | 4436 |
| 搜狐 | www.sohu.com | 4 | 4435 |
| 凤凰网 | www.ifeng.com | 5 | 4432 |
| 央视网 | www.cntv.cn | 6 | 4408 |
| 人民网 | www.people.com.cn | 7 | 4319 |
| 国际在线 | gb.cri.cn | 8 | 3715 |
| 新华网 | www.xinhuanet.com | 9 | 3647 |
| 中华网 | www.china.com | 10 | 3637 |

以新浪网为例,运行浏览器,在地址栏中输入域名 www.sina.com.cn 进入新浪门户网站,在首页的右侧就会呈现出门户网站的属地栏目信息,如图 8-4 所示,单击"辽宁新闻"就会弹出新的界面,新浪网上的辽宁版块信息,如图 8-5 所示,主要为辽宁地区的新闻信息,在里面可以选择关注的新闻,如图 8-6 所示,热点新闻具有相应的点击率、转载、评论等信息,在网页中选择具体的评论信息,可以看到如图 8-7 所示的评论内容。

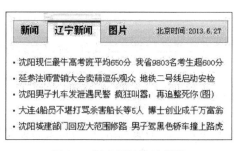

图 8-4　门户网站属地栏目

图 8-5　新浪辽宁新闻版块

图 8-6 新闻报道

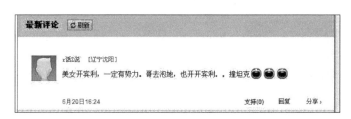

图 8-7 新闻评论

门户网站属地栏目的搜集主要用于本地网络舆情的监控过程中,有时可以进一步细化所在城市的栏目版块,或者是现实社区的网络栏目版块,立足全局关注局部舆情信息。

(2)网络论坛属地栏目搜集

网络论坛是网络交互信息的主要渠道,是网络舆情获取的重要阵地,是网络舆情信息工作者的主要对象。地方网络舆情信息工作者主要针对地方的舆情信息开展工作,因而需要熟悉地方网络舆情的主要论坛聚集地。网络论坛属地栏目搜集主要针对全国大型论坛网站中涉及属地信息的栏目版块,全国大型的网络论坛排行榜[①],如表 8-2 所示。

表 8-2 全国网络论坛综合排行榜

| 网 站 名 称 | 域 名 | 综合排名 | 分 数 |
| --- | --- | --- | --- |
| 百度贴吧 | tieba. baidu. com | 1 | 4429 |
| 天涯社区 | www. tianya. cn | 2 | 3647 |
| 猫扑网 | www. mop. com | 3 | 3625 |
| 西祠胡同 | www. xici. net | 4 | 3412 |
| 铁血论坛 | bbs. tiexue. net | 5 | 3265 |

---

① http://top. chinaz. com/list. aspx? t=248,站长之家,网络论坛排行榜.

| 网站名称 | 域 名 | 综合排名 | 分 数 |
|---|---|---|---|
| 凤凰论坛 | bbs.ifeng.com | 6 | 3155 |
| 中华网社区 | club.china.com | 7 | 3129 |
| 塞班智能手机论坛 | bbs.dospy.com | 8 | 3116 |
| 汽车之家论坛 | club.autohome.com.cn | 9 | 3095 |
| 机锋论坛 | bbs.gfan.com | 10 | 3087 |

以天涯论坛为例，进行网络属地栏目搜集。进入浏览器，在地址栏中输入 www.tianya.cn 进入论坛之后，在左侧有相应的城市论坛栏目，展开城市论坛选择所在地域，就会看到所在城市的论坛内容，如图 8-8 所示。下面具有地区的论题，可以选择想要关注的热帖，进入相应的热帖，如图 8-9 所示，会呈现出相应的帖文信息，议题楼主、发布时间、点击率、回帖率以及相应的帖文内容。

图 8-8 论坛地方版块

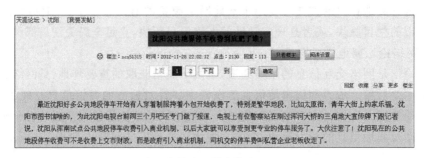

图 8-9 贴文信息

在网络论坛中有时可能涉及的地方区域性更小，可以为社区或街道，如图 8-10 所示，为搜房网论坛中的某社区论坛，可以关注社区舆情动态信息。

图 8-10 社区论坛

# 8.4　涉及属地信息网站的管理方法

在网络舆情监控过程中,每天都需要搜集不同的舆情信息,浏览涉及属地信息网站。对前期搜集的涉及属地信息网站需要进行科学有效的管理和运用,既方便又快捷地完成信息搜集工作。

## 8.4.1　浏览器收藏夹管理

浏览器收藏夹是对常用网站地址的管理,将经常使用的网站添加到收藏夹中,并进行类似文件夹的分门别类管理,从而方便、快速地进行网站信息浏览。

（1）添加收藏夹网站

在使用浏览器时,将正在浏览的网站地址添加到收藏夹中的方法如下。

① 打开浏览器,在地址栏中输入想要浏览的网站地址。

② 选择浏览器中的"收藏夹"菜单,再选择"添加到收藏夹"子菜单,如图 8-11 所示。

③ 弹出收藏夹对话框,单击"添加"按钮即可,如图 8-12 所示。

图 8-11　浏览器收藏夹菜单

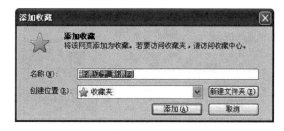

图 8-12　收藏夹对话框

（2）收藏夹管理

将日常浏览的网站信息添加到收藏夹,天长日久就会越来越多,科学有效的管理就显得尤为重要。单击如图 8-13 所示的"整理收藏夹"子菜单,就会弹出"整理收藏夹"对话框,如图 8-13 所示,可以像管理"资源管理器"一样管理收藏夹内容,对其进行新建、移动、重命名、删除等各种操作。

（3）导入导出收藏夹

可以将管理好的收藏夹进行导入导出,以便在同一台计算机上进行收藏夹备份,在不同收藏夹中进行复制,将管理好的收藏夹永久地保存起来。具体方法就是选择"文件"菜单中的"导入和导出"子菜单,按照提示就可以备份收藏夹信息了。

## 8.4.2　账号信息管理

在管理某些网络论坛属地栏目网站时,利用收藏夹只能管理网站的快速访问,不能直接进入属地栏目,因此需要对网络论坛属地栏目进一步进行管理。

网络论坛个性化管理是通过论坛账号来实现的,所以首先应该具有网络论坛账号。账号的获取通过网络论坛账号注册得到,具体的注册步骤根据注册提示操作便可。注册之后登录网络论坛,以天涯论坛为例,登录网络论坛之后,进行网络论坛属地信息搜集,将搜集到的版块添加到"收藏"之中,这样再进入天涯论坛就具有个性化管理了,可以迅速浏览我的收藏内容,如图 8-14 所示,能够看到我的版块、我的帖子、我的回帖、帖子收藏、我看过的等常用管理信息。

图 8-13　整理收藏夹对话框

图 8-14　论坛账号管理

# 习　题　8

①搜集三个本人属地互联网服务器网站,并将其加入到浏览器收藏夹中,要求记录下网站的 URL、IP 地址、单位名称、IP 地址段、联系人、联系方式相关信息,并将结果存于表 8-3 中。

②搜集三个热点论坛,并申请为该论坛的用户,浏览本人属地省、市版块内容,并将该版块收藏为用户关注版块,记录操作结果填入表 8-4 中。

表 8-3　属地互联网服务器信息登记表

| URL | IP 地址 | 单位名称 | IP 地址段 | 联系人 | 联系方式 |
| --- | --- | --- | --- | --- | --- |
|  |  |  |  |  |  |
|  |  |  |  |  |  |
|  |  |  |  |  |  |
|  |  |  |  |  |  |
|  |  |  |  |  |  |

表 8-4　涉及属地论坛信息登记表

| 论坛名称 | 论坛服务器所属地区 | 用户名称 | 本人属地板块 | 是否收藏 |
|---|---|---|---|---|
|  |  |  |  |  |
|  |  |  |  |  |

③ 在上题三个论坛中的分别搜集热点论题,并搜集涉及本人属地的论题内容,记录操作结果填入表 8-5 中。

表 8-5　热点论题信息表

| 论坛名称 | 热点论题标题 | 访问量 | 属地论题标题 | 访问量 |
|---|---|---|---|---|
|  |  |  |  |  |
|  |  |  |  |  |

④ 搜集三个涉及属地热点事件 QQ 群,要求记录下相关信息填入表 8-6 中。

表 8-6　属地热点事件 QQ 群信息表

| QQ 群号码 | QQ 群属地 | 建群目的 | 创建人 | 群人数 | 群简介 | 其他 |
|---|---|---|---|---|---|---|
|  |  |  |  |  |  |  |
|  |  |  |  |  |  |  |

⑤ 搜集三个涉及属地内容的博客,要求记录下相关信息填入表 8-7 中。

表 8-7　涉及属地内容博客信息表

| 博客地址 | 博客所有人 | 博客访问量 | 博客主要内容 | 博客的回帖量 | 其他 |
|---|---|---|---|---|---|
|  |  |  |  |  |  |
|  |  |  |  |  |  |
|  |  |  |  |  |  |

⑥ 搜集本人所在社区或附近社区的网络聚集地信息(网络论坛信息或网络 QQ 群信息等),要求记录下相关信息填入表 8-8 中。

表 8-8　社区网络聚集地信息

| 社区名称 | 网络聚集地名称 | 网络聚集地标识 | 成员数量 | 主要关心内容 | 其他 |
|---|---|---|---|---|---|
|  |  |  |  |  |  |
|  |  |  |  |  |  |
|  |  |  |  |  |  |

⑦ 搜集本人属地城市的 IP 地址分布情况，完成表 8-9 的填写，以附件的形式进行保存。

表 8-9　城市 IP 地址分布信息表

| 开 始 地 址 | 结 束 地 址 | 地　　址 |
|---|---|---|
|  |  |  |
|  |  |  |
|  |  |  |

⑧ 根据 IP 本人所属城市地址查询相应的 Web 服务器，以附件形式记录相应结果，并填入表 8-10 中。

表 8-10　城市 Web 服务器信息表

| URL | IP 地址 | 单位名称 | IP 地址段 | 联系人 | 联系方式 |
|---|---|---|---|---|---|
|  |  |  |  |  |  |
|  |  |  |  |  |  |
|  |  |  |  |  |  |

# 第9章

# 网络舆情信息搜集

**教学目的**

① 了解网络舆情信息搜集的目的；

② 掌握网络舆情信息的搜集方法；

③ 掌握网络舆情信息搜集工具的使用方法；

④ 了解网络舆情信息搜集系统。

## 9.1 网络舆情信息搜集的目的

网络信息搜集是对互联网的信息进行搜集,是网络舆情工作者完成任务的首选工作,是网络舆情分析、编报等工作的前期工作,也是基础工作,在网络舆情监控中具有重要的作用。网络信息搜集的主要目的如下。

(1) 搜集网络舆情信息材料

网络舆情是以互联网信息为载体的,搜集网络舆情就是要搜集网络舆情信息,网络舆情信息是开展后期工作的基础,为网络舆情后期工作提供原始材料。

(2) 发现网络舆情发展趋势

通过搜集网络舆情信息,分析网络舆情信息,判断出舆情的未来发展趋势,归纳出网络舆情的规律性、特征性、苗头性、趋势性等,为舆情编报和防护做准备。

(3) 确立网络舆情编报选题

通过网络舆情信息搜集,发现网络舆情的最新热点问题,结合舆情的发展趋势,并结合实际工作情况,提出网络舆情编报选题,进一步开展网络舆情监控工作。

(4) 制定网络舆情应对策略

根据网络舆情信息搜集的内容分析,判断网络舆情的未来发展趋势,提早制订网络舆情的应对策略,防止网络舆情给社会造成不必要的破坏,尽可能减少损失,维护社会的安全与稳定。

(5) 引导网络舆情发展方向

搜集网络舆情发现网络舆情的最新发展动向,提前进行布防和网络舆论引导,使网络舆情朝着正确的方向发展。

## 9.2 网络舆情信息热点搜集

网络舆情最简单的搜集方法就是网页浏览。通过浏览器打开网页进行人工浏览,看似漫不经心的随机浏览却最为实用,人人都会浏览但获取的信息却不尽相同。网页浏览获取舆情信息的好与坏取决于浏览的对象,浏览含有舆情信息的对象当然也就能够获取舆情,浏览对象确立的好与坏直接关系到舆情信息获取的多与少;网页浏览获取舆情信息的好与坏也取决于浏览的角度,事物观察的角度不同获取的信息也不尽相同,网民关心的热点问题往往是舆情存在较多的地方,获取舆情信息较为容易;网页浏览获取舆情信息的好与坏还取决于浏览者对舆情信息的敏感程度,敏锐的舆情感觉是舆情工作者应该具有的基本能力,需要不断地积累。

### 9.2.1 数据比对获取热点信息

浏览对象的选择在前面已经介绍过了,接下来就是浏览角度的确立。在网页浏览过程中,很多网站为了提高网民的参与度,会保留新闻信息浏览过程中产生的数据,并对这些数据进行比对碰撞,从而确立热点信息。在信息浏览过程中形成的数据主要有点击数量、转载数量、回帖数量等。点击数量越多说明网民的兴趣越浓,网民对这个信息比较感兴趣,愿意进行浏览;回帖数量越多说明网民的内心活动越强烈,网民的回帖是个人心理意识的外在体现,表明网民愿意发表个人的观点;转载数量越多说明网民的传播意识越高,网民希望通过转载或链接等形式扩大信息的影响,提高信息的热度,以此引起更多网民的共鸣。

门户网站都具有数量比对的功能,例如浏览网易公司的门户网站,进入新闻版块,观察各种信息的排行情况。排行类型分为全站排行、新闻排行、财经排行、娱乐排行、体育排行等。每类排行过程中又分为点击排行分为 24 小时点击排行、本周点击排行、本月点击排行等。如图 9-1 所示就是网易公司新闻跟帖周排行顺序,充分地体现了网民本周关注的热点新闻和内心活动热度,是热点信息的充分体现。

| 🔲 跟帖榜 | 今日跟帖排行 | 本周跟帖排行 | 本月跟帖排行 |
|---|---|---|---|
| 标题 | | | 跟贴数 |
| 1 上海一62岁男子持猎枪等杀害6人 已被警方制服 | | | 21141 |
| 2 苏州警方回应工地拔枪事件 称遭围攻属正当防卫 | | | 17113 |
| 3 毛新宇任河南愚公移山精神研究会荣誉会长 | | | 13588 |
| 4 广西玉林官员谈荔枝狗肉节:若干涉他们会杀人 | | | 13005 |
| 5 广东高院:发廊提供"打飞机"等色情服务不属卖淫 | | | 11235 |
| 6 南京饿死女童调查:曾出逃被警察送回 孤儿院不收 | | | 10782 |
| 7 知情人:梦鸽要求公告李天一未涉强奸致律师请辞 | | | 10663 |
| 8 警方证实李天一案侦查完结 进入审查起诉阶段 | | | 10249 |
| 9 卖水老人称遭城管殴打多次 东西常被白吃白拿 | | | 9571 |
| 10 南京饿死幼女:趴马桶吃粪便 被发现时已风干 | | | 9560 |

图 9-1　新闻跟帖排行

在网络论坛中也有相应的数据比对，一些热帖有时还会将相应的帖文置顶，吸引更多的网民参与，以提高论坛的知名度。

## 9.2.2 信息聚合获取热点信息

信息聚合是指将同一事件的各方信息进行聚集汇合，形成事件关注度的综合排名效果，更加有利于判断事件的热度，网民的关注度。对于网络舆情工作者而言网络信息聚合是网络舆论的显现，应该给予高度关注。图 9-2 显示的就是网络公司本周的信息聚合效果，充分体现出了本周网民的关注点。

图 9-2 网易信息聚合

# 9.3 网络舆情信息搜索工具

随着网络信息的逐渐增多，人们希望出现能够进行网络信息搜索的工具，于是有些网站在各自的网站上建立了站内搜索工具。有的网站为了更有效地进行信息搜索，专门将网站建成互联网信息搜索工具，于是就有了搜索引擎的出现。搜索引擎工具越来越多，各有所长，为了集成各种搜索引擎工具的搜索特点，出现了多元搜索工具和在线搜索工具等。网络信息的海量化带来了搜索工具的飞速发展。

## 9.3.1 站内搜索

站内搜索就是指网站为了检索自己网站信息的方便，建立了本站信息检索功能。现在一些大型的网站都具有站内检索功能，通过设置搜索关键字就能在站内进行快速检索。例如著名门户网站新浪就具有站内搜索功能，当进入新浪首页的时候，可以看到中间上部有站内检索功能，如图 9-3 所示。可以选择新浪中新闻、微博、图片、博客、视频等分类搜索，通过设置关键字，进行站内搜索，如关键字为"斯诺登"，新闻搜索就会检索出所有网易登载的斯诺登的新闻信息。站内搜索不仅只门户网站上有，一些网络论坛中也具有站内搜索功能。例如天涯论坛，可以在论坛中通过搜索关键字获得论坛信息，如图 9-4 所示为搜索"皇姑"关键字的搜索结果。

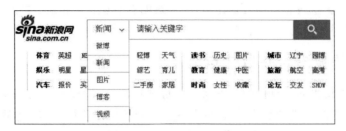

图 9-3　站内信息检索

图 9-4　论坛站内信息检索

　　站内信息搜索的关键是在搜索关键字的设置上,设置好的关键字能够立即搜集到所需要的网络信息,不好的关键字可能会使用户永远也搜集不到想要的网络信息。关键字的来源可以在搜索信息过程中发现、可以在实际工作中获取、可以由上级机关指定、可以通过群众举报获取等,通过关键字的活学活用能够搜集到想要的信息。

## 9.3.2　搜索引擎

　　搜索引擎是提供信息检索服务的网站,是对互联网上的信息资源进行搜集整理,然后提供查询的系统。网络舆情工作者搜集互联网信息是其主要的工作内容之一,利用搜索引擎工具进行网络信息搜集是稀疏平常的事。搜索引擎可以帮助使用者在互联网上找到特定的信息,但同时也返回了大量的无关信息。因此,掌握搜索引擎的使用技巧就显得比较重要,利用搜索引擎在尽可能少的时间内找到需要的确切信息。

　　(1)搜索引擎分类

　　搜索引擎按其工作方式主要可分为三种,分别是全文搜索引擎、目录索引类搜索引擎和元搜索引擎。

　　全文搜索引擎是名副其实的搜索引擎,国外具有代表性的有 Google 搜索引擎,国内著名的有百度搜索引擎。它们都是在通过从互联网上提取各个网站的信息(以网页文字为主)而建立的数据库中,检索与用户查询条件匹配的相关记录,然后按一定的排列顺序将结果返回给用户,因此它们是真正的搜索引擎。

　　目录索引虽然有搜索功能,但在严格意义上算不上是真正的搜索引擎,仅仅是按目录分类的网站链接列表而已。用户完全可以不用进行关键词查询,仅靠分类目录就可找到需要的信息。

　　元搜索引擎在接收用户查询请求时,同时在其他多个引擎上进行搜索,并将结果返回给用户。在搜索结果排列方面,有的直接按引擎来源排列搜索结果,有的则按自定的规则将结果重新排列组合。

（2）搜索引擎应用

由于百度是中文搜索引擎中使用最为普遍的搜索引擎，下面介绍的搜索引擎使用技巧就主要以百度搜索引擎为例，界面如图 9-5 所示。

图 9-5　搜索引擎

百度搜索引擎使用简单且较为快捷，只需在搜索框中输入需要搜索的内容就可以，例如"中国 刑警"，单击"百度一下"就可以将搜集的结果立即呈现出来。

搜索结果的精确与否主要取决于搜索内容——关键词，关键词设置得好搜索结果就较为精准，设置得不好可能返回海量信息。关键词的设置是以所要查询的内容为主，是对内容信息的精确提炼。百度搜索引擎提供了高级搜索功能，方便进行复杂的搜索任务，如图 9-6 所示。

图 9-6　百度高级搜索设置

包含以下全部的关键词。在搜索结果中设置的关键词全部包括在内，关键词可以联合出现，也可以拆分出现，具体的拆分情况根据输入的关键词而定。相当于只要搜索结果中有想要的关键词就可以，由于搜索结果要求比较宽松，比较适合在搜索结果信息较少的情况下使用，如果搜索结果比较多会存在大量的冗余数据，搜索结果还需进一步筛选。

包含以下完全关键词。在搜索结果中关键词必须连续出现，搜索结果中关键词不可拆分。完全关键词搜索就是精确搜索，搜索结果比较准确，没有冗余数据的出现。完全关键词搜索比较适用于搜索内容精准的情况下，对于针对性较强的信息搜索较为实用。

包含以下任意一个关键词。对设置的多个搜索关键词，只要满足其中的一个即可，每个关键词在输入的时候要进行空格分离。任意关键词搜索比较适用于搜索判断具有选择性的搜索时，满足其中一个即可。

不包括以下关键词。用于对前面设置的搜索内容进行排除筛选，满足前面的搜索条件以后进行排除式条件设置，避免干扰数据的出现，影响搜索结果。

搜索结果显示条数。是对每页显示结果的设定，每页显示 10 条、20 条、50 条、100 条不等,自行设置。

时间设置。限定要搜索的网页时间可以为 1 天、1 周、1 月、1 年,返回不同设置的网页时间。

语言设置。为搜索网页的语言类型,可以为简体中文、繁体中文、全部语言中的一种。

文档格式。属于对搜索结果的文件格式设定,可以设置简单的文件格式 pdf、doc、xls、ppt、rtf 等简单文件格式搜索。

关键词位置。限定搜索结果包含关键词的位置,是网页中的标题位置、网页中的 URL 位置,还是网页中的任何位置。位置的设定根据使用者的需要而定。

站内搜索。是指设定的搜索范围,指定对某一个网站进行信息检索,而不是对全部网站进行检索。对于属地服务器信息检索比较有用。

通过高级搜索界面可以达到搜索信息的目的,也可以通过相应的命令格式实现信息高级搜索的目的。常用的命令格式如下。

半角双引号。利用半角双引号括起来的内容相当于执行的是精确检索。例如检索内容为[“美国房产税”],就是搜索结果中必须要包含美国房产税内容,而且不可拆分。

减号。减号是指在搜索结果中排除内容筛选。例如搜索内容为[房产税－上海房产税],就是搜集房产税的有关信息但不包括上海房产税的内容,注意减号前一定要有空格。

竖线。表示在前后两个关键词中选择其中一个即可,也就是任选其一的作用。例如搜索内容为[美国房产税|新加坡房产税],就是搜索结果中包括美国房产税或者新加坡房产税都可以,都符合设置的搜索条件。

括号。当进行较为复杂的搜索设置时,可以利用括号进行优先搜索设置。例如[“房产税”－(上海房产税|重庆房产税)],就是表示精确搜索网页信息,但不包括上海房产税或者重庆房产税的内容。

intitle。把搜索范围限定在网页标题中。网页标题通常是对网页内容提纲挈领式的归纳。把查询内容范围限定在网页标题中,有时能获得良好的效果。例如[房产 intitle:总理],就是搜集标题中还有总理的房产信息。

inurl。把搜索范围限定在 URL 链接中。网页 URL 中的某些信息,常常有某种有价值的含义。如果对搜索结果的 URL 做某种限定,就可以获得良好的效果。例如[恐怖事件 inurl:dongtu],就是设置搜索恐怖事件在 URL 中必须有 dongtu 的内容。

site。把搜索范围限定在特定站点中。如果知道某个站点中有自己需要找的东西,就可以把搜索范围限定在这个站点中,提高查询效率。使用的方式,是在查询内容的后面,加上 site:站点域名。例如[政委 site:www.ccpc.edu.cn],就是在域名 www.ccpc.edu.cn 中搜集政委的有关网络信息。注意,site:后面跟的站点域名,不要带 http://;另外,site:和站点名之间,不要带空格。

### 9.3.3　多元搜索引擎

多元搜索引擎是一种调用其他独立搜索引擎的引擎,也称为“搜索引擎之母”。多元搜索引擎就是对多个独立搜索引擎的整合、调用、控制和优化利用。在一个多元搜索引擎的查询界面上输入关键字并单击查询后,会自动将这些关键字提交给多个搜索引擎进行检索,将检索结果取回并整理后提供浏览。

　　国际上多元搜索引擎较多,国内相对较少。首先介绍一下大唐搜索通软件的使用方法。大唐搜索通软件是将多个搜索引擎软件结合在一起进行信息检索的软件。安装完应用程序以后,运行应用程序界面如图 9-7 所示。在程序运行界面上可以看到多个搜索引擎集成于大唐搜索通软件之中,只要在搜索关键字中输入需要搜索的内容,就可以进行信息搜索,使用起来较为方便。使用该软件最为重要的不是搜索信息,而是将各种搜索引擎软件的功能添加、设置到大唐搜索通之中。下面将新浪门户网站中的搜索引擎添加到大唐搜索通软件之中为例。

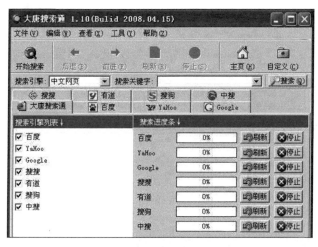

图 9-7　大唐搜索通软件

　　① 首先选择大唐搜索通工具栏中的"自定义"按钮,弹出如图 9-8 所示的添加界面。

　　② 阅读添加注意事项,输入名称为新浪。

　　③ 打开新浪搜索网页 search. sina. com. cn,观察 URL 地址的变化。

　　④ 利用新浪搜索引擎搜索"天"的信息,记录 URL 地址栏信息如下。

　　http：//search. sina. com. cn/? q＝％CC％EC&c＝news&from＝index

　　⑤ 利用新浪搜索引擎搜索"地"的信息,记录 URL 地址栏信息如下。

　　http：//search. sina. com. cn/? q＝％B5％D8&c＝news&from＝index

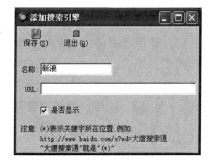

图 9-8　搜索通添加界面

　　⑥ 比较两次记录结果信息的不同之处,也就是搜索引擎的关键信息所在位置如下。

　　搜索天的不同位置是％CC％EC&c。

　　搜索地的不同位置是％B5％D8&c。

　　⑦ 制作大唐搜索通 URL 地址如下。

　　http：//search. sina. com. cn/? q＝( ＊ )＝news&from＝index

⑧ 添加 URL 地址到大唐搜索通之中。

⑨ 运行大唐搜索通检验搜索效果如图 9-9 所示。

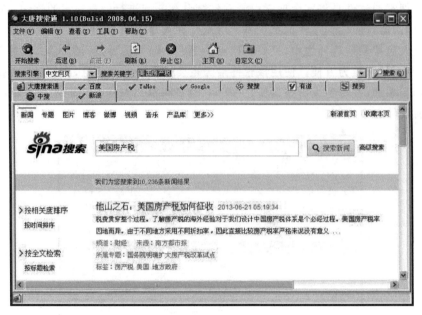

图 9-9　搜索通运行结果

# 9.4　网络舆情信息搜集系统

随着网络舆情的日益增多,以及网络舆情重要性的不断增加,人们对网络舆情监控系统的需求越来越强烈,目前已经开发使用的网络舆情搜集方面的系统主要有:厦门美亚柏科信息股份有限公司研发的美亚舆情网、上海昂声信息科技有限公司研发的利盾网络舆情检测系统、北京汇高网讯科技有限公司研发的蓝蜘蛛互联网定向采集系统、北京中科点击科技有限公司研发的军犬网络舆情监控系统等,每种网络舆情搜集系统的功能各有不同,方向也不尽相同,但都具有网络舆情搜集功能。

## 9.4.1　美亚舆情网

美亚舆情网是利用云技术对海量信息库进行高效搜索并对各种新闻博客等网站进行垂直抓取;采用自然语言分析处理技术和自有网页数据分析的算法,对抓取到的数据进行准确的分析和判断,从而为政府和企业客户提供精准有效的互联网舆情数据服务。

用户无需购置和建设专用系统,无需安排专人运维管理,只需购买美亚柏科公司的"搜索平台"服务,即可方便地不同的终端上(计算机、iPad 或手机等)查看专为您定制的最新的舆情信息。

美亚舆情网还为用户提供专业的舆情报告服务,根据用户的需求,提供每日简报、特定事件分析报告和周期综合性报告等多种互联网报告类型供用户订阅,图 9-10 为互联网信息分析报告。

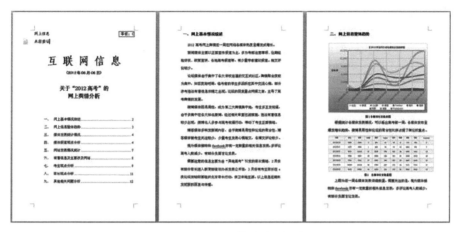

图 9-10　互联网信息分析报告

## 9.4.2　利盾网络舆情检测系统

利盾网络舆情检测系统主要是针对政府机关对网络舆情信息检测的需求而研发的系统。利盾舆论检测系统拥有采集、数据分析、数据聚类和报警四大子系统,实现了互联网覆盖搜索,24 小时不间断搜索,延迟搜索时间不超过 10 分钟,相关的信息自动形成日报、周报和月报等形式,并同步实现手机短信报警、邮件报警以及用户应用界面的三重报警功能,能够取代手工舆情监控工作。图 9-11 为利盾网络舆情检测系统的全网采集演示图。

图 9-11　信息采集效果图

## 9.4.3　军犬网络舆情监控系统

军犬网络舆情监控系统集成了舆情监测、舆情采集、舆情智能分析、舆情处理、舆情预警、舆情搜索、舆情报告辅助生成、舆情短信自动提醒、动态图表统计分析等核心功能。基于语意自动识别情感,自动分析是否为"负面";360°的舆情专业词典,深度透析各个维度;特有的"舆情漏斗"算法,实现把互联网"读薄",大浪淘沙般萃取舆情;透过图表分析趋势,掌握潜在的变化规律,如图 9-12 所示。

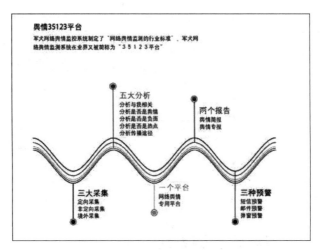

图 9-12   军犬网络舆情监控系统核心技术

该系统对于政府部门加强互联网信息监管,监测涉警、唯稳,打击两非,重点人群、重点组织信息的定向侦测,应对网络突发的公共事件,全面做好网络舆情工作起着决定性的作用。

### 9.4.4   蓝蜘蛛互联网定向采集系统

WebSpider 蓝蜘蛛采集系统主要实现网页采集、互联网采集、网站采集、蜘蛛采集、网页抓取、定向采集、全网采集、垂直采集、新闻采集、博客采集、微博采集、论坛采集、元搜索、定向搜索、垂直搜索等业务应用。系统可以根据需求精确地解析出网页上的各个数据项,只要配置好被采集网站的入口 URL 以及解析模版,就可以进行精准的信息采集。

# 习  题  9

① 搜集三种浏览器工具软件,安装浏览器练习使用,并收集浏览器软件的主要特点,并将结果保存于表 9-1 中。

表 9-1   浏览器功能特点信息表

| 浏览器名称 | 研发公司 | 主要特点 |
| --- | --- | --- |
|  |  |  |
|  |  |  |
|  |  |  |

② 将上次实验搜集到的三个学生属地网站和论坛地址添加到 IE 收藏夹中,截取收

藏夹图片保存于下方,并尝试将 IE 浏览器收藏夹中的内容导入导出到其他两种浏览器中,将其他两种浏览器收藏夹进行图片截取保存于下方。

　　③ 阅读百度高级搜索引擎文件,根据搜索要求填写相应的搜索命令,并在百度搜索引擎中运行观察搜索结果是否符合要求,将命令填入表 9-2 中。

表 9-2　命令功能表

| 搜索要求 | 在中国刑警学院网站上搜索含有"政委"网页标题的内容 |
|---|---|
| 搜索命令 | |
| 搜索要求 | 在百度贴吧中搜索有关"上海抗议死猪"的内容 |
| 搜索命令 | |
| 搜索要求 | 搜索"京温服装城女子坠落"的网络信息,但不包括"新闻"的有关内容 |
| 搜索命令 | |

　　④ 搜集三种搜索引擎网站,并对搜索引擎网站加以利用,搜集各个搜索引擎网站的主要功能特点,并将结果存于表 9-3 中。

表 9-3　搜索引擎功能特点信息表

| 搜　索　引　擎 | 研　发　公　司 | 主要功能特点 |
|---|---|---|
| | | |
| | | |
| | | |

　　⑤ 利用多元搜索引擎工具(大唐搜索通软件 downbank0523 dtsearch.rar)进行搜索信息,设置相应的搜索环境,完成下面的操作。

　　a. 在中文网页中搜索"香港码头 罢工"关键字内容,比较各种搜索引擎搜集到的信息的不同之处,一句话简单描述多搜索工具的功能。

　　功能描述为:

　　b. 在"中文网页"所搜功能中增加新浪的搜索引擎功能,在"工具"菜单中的"自定义"选项中完成相应的设置工作,将设置的 URL 保存于下方。

　　URL 为:

　　c. 练习论坛搜索功能,将"360"论坛搜索功能添加到大唐搜索通软件中,在"工具"菜单中的"自定义"选项中设置,将设置的 URL 保存于下方。

　　URL 为:

　　⑥ 利用多元搜索引擎工具(搜索通软件 spsetup_12361.rar)进行搜索信息,设置相应的搜索环境,完成下面的操作。

　　a. 在中文网页中搜索"故意碾死"关键字内容,比较各种搜索引擎搜集到的信息的不同之处,描述多元搜索的功能。

功能描述为：

b. 对搜索通软件进行自定义搜索设置，选择常用工具按钮"自定义"下的"修改自定义搜索引擎"，阅读说明，添加新浪新闻搜集功能，将设置好的 URL 保存于下方。

URL 为：

⑦ 搜集 2013 年热点事件，并对事件加以阅读分析，判断事件类别属于自然灾害、公共卫生、安全事故、交通安全中的哪类事件，并填入表 9-4 中。

表 9-4    2013 热点事件信息表

| 事 件 名 称 | 简 要 内 容 | 事 件 类 别 |
|---|---|---|
|  |  |  |
|  |  |  |
|  |  |  |

# 第10章  有害信息的处置

**教学目的**

① 了解有害信息的危害;

② 掌握有害信息证据固定的方法;

③ 掌握有害信息的处置方法;

④ 掌握有害信息关键字的提取方法。

## 10.1  有害信息的危害

对于在互联网上编造、传播有害信息的行为,国家有关部门早已关注并颁布了相关的法律、法规和规章予以打击和遏制。主要采用的是经国务院批准,公安部发布的《计算机信息网络国际联网安全保护管理办法》,该办法第五条规定,任何单位和个人不得利用国际联网制作、复制、查阅和传播下列信息。

① 煽动抗拒、破坏宪法和法律、行政法规实施的;

② 煽动颠覆国家政权,推翻社会主义制度的;

③ 煽动分裂国家、破坏国家统一的;

④ 煽动民族仇恨、民族歧视,破坏民族团结的;

⑤ 捏造或者歪曲事实,散布谣言,扰乱社会秩序的;

⑥ 宣扬封建迷信、淫秽、色情、赌博、暴力、凶杀、恐怖,教唆犯罪的;

⑦ 公然侮辱他人或者捏造事实诽谤他人的;

⑧ 损害国家机关信誉的;

⑨ 其他违反宪法和法律、行政法规的。

该办法给出了有害信息的范围,同时有人给出了互联网上有害信息的概念。互联网有害信息是指互联网上一切可能对现存法律秩序和其他公序良俗造成破坏或者威胁的数据、新闻和知识等事实[①]。网络有害信息之所以要处置是因为具有很多危害,小则影响人的身心健康,大则影响社会稳定国家安全。网络有害信息的具体危害如下。

(1)诱使意志薄弱人员走上违法犯罪的道路

互联网上存在着大量的暴力、色情、迷信、诈骗、赌博等内容信息,更有甚者会有制毒、

---

① 左竖卫.互联网有害信息的界定和相关行为的处理刍议.信息网络安全,2005(6).

售毒、售枪、民族分裂等信息。对于意识薄弱人员来说,自控力也比较缺乏,很容易沉迷其中而不能自拔,最终走向违法犯罪道路。

（2）影响人的健康心理发展

一些青少年学生正处于性格、心理和道德形成的关键时期,网络有害信息势必会对青少年造成极大的危害,影响正常人生观和价值观的形成。对于辨别能力差的人势必会被引导形成封建迷信、民族分裂、破坏祖国统一等心态。

（3）影响经济的正常有序发展

在互联网上存在着大量的虚假信息,这些信息使企业的形象受到影响,权益无法得到维护,利益无法得到保全。直接影响到企业的利益,间接影响正常的经济运行秩序,破坏经济正常的有序发展。

（4）影响国家政局的安全与稳定

在互联网上时有传播所谓"民主"、民族分裂、破坏祖国统一的信息,这些信息直接针对国家的体制、民主政治进行攻击,诋毁国家形象,破坏祖国统一,极大地危害了国家的安全与稳定。

（5）影响社会的道德良知

网络上的信息有些是歪曲的信息、虚假的信息,具有危害的信息,直接针对人们的正常良知进行破坏,使其违背道德良知。

## 10.2　有害信息证据固定的方法

要想对有害信息进行处置必须先学会将有害信息进行证据固定,有害信息证据固定的好坏,直接关系到有害信息处置的依据。有害信息证据固定应该遵循快速、客观的搜集原则,在两人共同固定的情况下完成。

有害信息证据固定的主要方法就是拷屏打印法。拷屏时要注意信息的客观准确原则,拷屏内容主要有网站首页、网站版块栏目、有害信息内容,客观准确地体现出有害信息所在位置;拷屏时要注意突出重点原则,拷屏时不要将任务栏等与有害信息无关的内容截屏下来,避免引起不必要的麻烦;拷屏时要注意截屏衔接原则,大图分屏截取时要注意图间衔接原则,避免屏幕衔接二义性;拷屏时要注意编报排版原则,避免图片过大排版时压缩变形,影响固定效果。拷屏之后填写互联网有害信息证据固定清单,如表 10-1 所示,进行排版、打印、签字。相关证据固定,为了更加有效地说明情况,根据有害信息处置需要固定其他相关证据,例如网站的发帖人、时间、实施行为、网络载体等相关证据,以便追加行为人的相关责任。

表 10-1　互联网有害信息固定表

| 网站单位 | Sharktech 公司 | 发现时间 | 2011 年 4 月 5 日 |
| --- | --- | --- | --- |
| 网站名称 | 西昌在线论坛 | 网站 URL | http://bbs.x0834.com/ |
| IP 地址 | 70.39.103.131 | 物理地址 | 美国 蒙大拿州 |

续表

| 首页内容 | 如图一、图二所示 | 有害标题 | 15118812644 ■■枪支出售 |
|---|---|---|---|
| 有害信息<br>链接过程 | 在首页中选择"新人报到加分区"栏目,在此栏目中选择"15118812644 ■■枪支出售"<br>帖子,可以进入有害信息界面 | | |
| 有害信息<br>提取内容 | 如图三、图四、图五、图六、图七,共计五幅图片,依次链接截屏提取内容信息 | | |
| 备份文件 | 首页文件 | 西昌在线论坛首页.mht | |
| | "新人报到加分区"栏目文件 | 新人报到加分区栏目.mht | |
| | 出售枪支帖子文件 | 出售枪支帖子.mht | |
| 备注 | | | |

填表人:张和平、李金龙
单位:中国刑警学院校园网警

有害信息证据固定还需对原始文件进行下载固定,下载的方法根据网页的性质不同可以进行不同的运用。

① 利用浏览器直接选择"另存为"进行网页文件保存。保存文件类型多种多样,最好选择单个文件的 mht 文件,进行文件保存、提交时比较方便。

② 有些时候网页不让下载保存,可以利用网页编辑工具直接打开网页的 URL 地址,然后在网页编辑工具中选择"另存为",从而保存网页文件。

③ 有时网页编辑工具暂时没有,可以利用 Word 打开 URL 地址也可以打开网页文件(排版有些转变),同样可以保存原始文件。

## 10.3　有害信息的处置方法

互联网有害信息处置分为多级处置联合监控维护网络信息安全,主要有网站处置、ICP 处置、ISP 处置、司法机关处置几种类型。

### 10.3.1　网站有害信息处置

网站根据规模大小及信息开放程度的不同,可以分为网站管理处置和版主管理处置两种,无论哪一种都属于网站内部管理。大型开放型网站由于信息数量较多而且更新速度较快,往往都由各版主管理负责。版主可以制定相应的版规,在该版块发布信息要遵守版主的有关规定,例如禁止发布有害信息等。版主发现普通有害信息之后,首先需要进行网络有害信息固定,再对有害信息进行相应的隐藏、删除、过滤等处置,对发帖人进行相应的警告、降级、扣分、取消账号等处理。版主发现重大有害信息并且处置完之后,固定相关证据,上报有关材料信息。版主有时也不能进行实时监控发现有害信息,这时可以发动广大的网民队伍,让网民进行举报,若有害信息情况属实则给予举报者相应的升级、加分等奖励,促进网民进行监督举报。网站处置与版主处置方法类似,有些网站就启用了油漆功能[①],以提高网民监督举报的热情。

### 10.3.2　ICP 有害信息处置

ICP 就是互联网内容提供商,是提供互联网信息业务和增值业务的电信运营商,也有对互联网有害信息进行监督、管理和处置的权利和义务。ICP 对提供的互联网信息业务和增值业务可以采取有害信息监控或举报的方法搜集有害信息,对搜集到的情况进行集中管理、登记、处置、备案。网站管理者具有监督处置的权利和职责,检测网站对有害信息的处置情况。ICP 对网站无法进行的有害信息处置可以采取虚拟主机暂停服务,托管主机中断服务,分配 IP 收回服务等处置方法。对重大有害信息事件举报人做到保密,防止举报人受到威胁恐吓等破坏事件的发生,在处理有害信息投诉事件的记录、登记、交办工作过程时,应填写相应表单、并随结果报告一同存档。有关重大的有害信息事件及处理过程和上报情况也要做到不泄密。

### 10.3.3　ISP 有害信息处置

ISP 就是互联网服务提供商,是即向广大用户提供互联网综合接入业务、信息业务、和增值业务的电信运营商。在互联网信息业务和增值业务方面与 ICP 的有害信息处置方法基本相同,在互联网接入方面具有特殊的有害信息处置方法。对于境外网站的有害信息可以采取封堵的处置方法,防止互联网接入用户访问境外有害信息网站;对于提供接入服务用户出现有害信息,可以监督其进行有害信息处置,并检测处置效果,无法清除有害信息的可以采取 ISP 特有的临时断网处置方法,防止有害信息的进一步扩散。

### 10.3.4　司法机关有害信息处置

司法机关对管辖范围内的服务器出现了有害信息的情况,可以监管相关的责任人删除、过滤有害信息,无法删除、过滤的进行临时断网处置。同时对相关的责任人进行违法犯罪处置。司法机关对异地范围内服务器出现有害信息的情况,可以进行上报处置,对于境外网站出现有害信息的情况则申请封堵处置。

## 10.4　有害信息关键字提取的方法

有害信息关键字提取是网络有害信息过滤处置过程中经常运用的方法,关键字提取得好能够很好地过滤掉有害信息,提取得不好很有可能会将有用的信息全都过滤掉,影响正常网站的运行,起到适得其反的作用。关键字提取也可以运用到有害信息搜集上,好的关键字能够很快搜集到有价值的有害信息,不好的关键字可能什么有害信息也搜集不到。

---

① http://www.gztz.org/bbs/Board.aspx? t=548109&l=0&p=1,广同社区,发布有害信息的处理规则.

　　关键字提取的一般方法就是提取文章关键的、主要的、核心的信息集合,提取主要的(淘汰次要的)、支撑的、说明的信息,对信息压缩再压缩、精练再精练、关键再关键的词语提炼。关键字提取可以采取核心话题提炼法,就是将信息概括成一段核心话题,任何信息都是对核心话题的展开,承载语段核心话题的词语肯定是关键字之一。关键字提取可以采取筛选关键句提炼法,关键句也就是关键字所蕴藏的句子,对关键句进行精简也就提炼出了关键字。

　　有害信息的关键字提取方法略有不同,还要注意特有信息词汇的提取,这些词汇往往只在有害信息中出现,别的地方不使用的词汇组合,从而提炼出有害信息特有的关键字。例如通过互联网出售枪支的有害信息关键字提取方法可以采用同类词汇提取组合法,可以将出售的同类词汇搜集为出售、销售、专卖、买卖等;再将枪支的同类词汇搜集为枪、步枪、气枪、54 式、64 式、77 式、92 式、钢珠枪、温切斯特、麻醉枪等;再将枪支的变异词汇搜集为手木仑、手狗、热兵器等;通过对同类词汇与枪支同类词汇和枪支变异词汇进行组合得到新的关键字词汇,如出售 54 式、销售 54 式、专卖 54 式、买卖 54 式,这样就可以形成很多涉枪的有害信息关键字。

　　常见的有害信息分为如下几大类。

- 涉枪类有害信息。主要是指在互联网非法出售枪支、弹药的有害信息。
- 涉爆类有害信息。主要是指在互联网非法出售爆炸物品的有害信息。
- 管制刀具类有害信息。主要是指在互联网上非法出售管制刀具的有害信息。
- 假币类有害信息。主要是指在互联网上出售假币的有害信息。
- 假发票类有害信息。主要是指在互联网上出售假发票的有害信息。
- 淫秽色情类有害信息。主要是指在互联网上传播淫秽色情的有害信息。
- 弩类有害信息。主要是指在互联网上出售弩的有害信息。
- 毒品类信息。主要是指在互联网上出售毒品和制作毒品的有害信息。
- 赌博类信息。主要是指在互联网上进行赌博的有害信息。
- 指纹套类信息。主要是指在互联网上出售指纹套类的有害信息。
- 窃听器类信息。主要是指在互联网上出售窃听器类的有害信息。
- 蒙汗药类信息。主要是指在互联网上出售蒙汗药的有害信息。
- 销售股民资料类信息。主要是指在互联网上销售股民资料的有害信息。
- 短信群发器类信息。主要是指在互联网上出售短信群发器的有害信息。

# 习　题　10

　　① 搜集有害信息依法处置的主要包含内容,并运用到本次实验过程中。

　　② 搜集境内服务器有害信息三条,填写境内网站有害信息报告表,并对有害信息进行证据固定。证据固定方法参见"有害信息证据固定样例",三条有害信息证据固定文件保存在"有害信息证据提取"文件夹中。

　　③ 根据搜集到的三条有害信息分别制作过滤策略,参见表 10-2 格式填写过滤策略内容。

表 10-2  有害信息过滤表

| 网站所有者 | 网站名称 | 网站 URL | 网站 IP | 过滤策略 |
|---|---|---|---|---|
|  |  |  |  |  |
|  |  |  |  |  |
|  |  |  |  |  |

④ 根据搜集到的三条有害信息分别填写互联网有害信息处理意见书和恢复联网通知书,分别以单独文件进行保存。

⑤ 搜集境外服务器网站三个,假设境外服务器网站具有有害信息需要封堵,现需要填写"境外网站封堵申请表",同时利用 IE 浏览器软件进行网站封堵,使本台计算机不能登录有害信息网站,将在 IE 软件中设置的封堵界面保存于下方。

⑥ 通过对互联网有害信息的搜集,完成常见有害信息关键词的提取,并制定搜索策略填入表 10-3 中,并尝试利用此搜索策略在搜索引擎是否可以得到有害信息,如果搜索到了正常信息,进一步观察搜索策略是否正确。

表 10-3  有害信息搜索策略表

| 有害信息类别 | 搜 索 策 略 |
|---|---|
|  |  |
|  |  |
|  |  |

# 第11章 网络舆情信息摘报的编写

**教学目的**

① 掌握网络舆情信息摘报材料的搜集方法；

② 掌握网络舆情信息摘报内容的汇集方法；

③ 掌握网络舆情信息摘报的编写方法。

## 11.1 网络舆情信息摘报材料的搜集

网络舆情信息摘报是对即时性、动态性、内容性的网络舆情信息进行编写，是对可能引发舆情的信息的编写，而不是网络信息的随意汇总，是有针对性的内容筛选。网络舆情信息摘报是简短内容的编报，不是综合性的问题分析，也不是针对某项具体问题的专项研究，因此网络舆情信息摘报也就是日常性可能引发舆情的信息编报。

网络舆情信息可以划分为不同的分类栏目，例如：国内信息、国际信息、本地信息，结合实际业务的需要也可以进一步划分为经济信息、政治信息、维稳信息等。设置好的网络舆情信息未必就一定有相应的舆情信息出现，没有设置进去的舆情信息分类栏目也有可能会出现，网络舆情信息分类栏目可以因实际情况进行变化，体现舆情信息编报的真实性。

下面以某地区司法机关进行网络舆情信息摘报编写为例，进行摘报内容搜集。

国内信息搜集，可以在人民网、新华网、新浪网、搜狐网、腾讯网、网易网、凤凰网等门户网站进行国内信息搜集，根据实际工作需要也可添加观测网站，获得的主要新闻信息排行榜部分如表 11-1～表 11-4 所示。

**表 11-1  搜狐网国内新闻跟帖排行榜**

| 跟 帖 排 行 | 新 闻 标 题 | 跟 帖 数 |
|:---:|:---|:---:|
| 1 | 甘肃天水回应"市委秘书酒驾越野车并打人" | 100 896 |
| 2 | 王素毅涉嫌严重违纪正接受组织调查 | 36 833 |
| 3 | 新疆鄯善县严重暴力恐怖袭击案告破 | 36 460 |
| 4 | 新老年人权益保障法明起实施子女不常回家违法 | 34 814 |
| 5 | 孟建柱：依法严厉打击暴力恐怖犯罪 | 33 469 |

| 跟帖排行 | 新闻标题 | 跟 帖 数 |
|:---:|:---|:---:|
| 6 | 习近平：再不能简单以 GDP 论英雄 | 31 647 |
| 7 | 国家信访局：7 月 1 日全面放开网上投诉受理 | 22 147 |
| 8 | 80 后位西北拟任宁夏副厅级干部 | 18 807 |
| 9 | 2020 年中国光棍数量将达 3000 万～35000 万 | 11 357 |
| 10 | 全国近日连发 6 起"藏獒伤人"案致 1 死多伤 | 9719 |

表 11-2　搜狐网国内新闻点击排行榜

| 点击排行 | 新闻标题 | 点 击 数 |
|:---:|:---|:---:|
| 1 | 内蒙古统战部长王素毅涉嫌严重违纪被查 | 531 642 |
| 2 | 俞正声：严厉打击暴力恐怖犯罪确保新疆稳定 | 481 290 |
| 3 | 新疆鄯善县严重暴力恐怖袭击案告破 | 480 501 |
| 4 | 台湾竹联帮大佬返台后开席 3 桌宴请亲友 | 435 422 |
| 5 | 孟建柱：依法严厉打击暴力恐怖犯罪 | 367 397 |
| 6 | 习近平：再不能简单以 GDP 论英雄 | 324 084 |
| 7 | 新疆鄯善县严重暴力恐怖袭击案告破 | 205 170 |
| 8 | 我国首届"反贪硕士"毕业一半考进检察院 | 194 725 |
| 9 | 宁夏 80 后官员拟任副厅级干部 | 192 232 |
| 10 | 习近平：建设一支宏大高素质干部队伍 | 187 258 |

表 11-3　腾讯网国内新闻排行榜

| 序号 | 新闻标题 | 媒体 | 时间 |
|:---:|:---|:---:|:---:|
| 1 | 高清：江苏常熟"天上人间"如人民大会堂 | 版权图片 | 30 日 02:59 |
| 2 | 新疆鄯善县严重暴力恐怖袭击案告破 | 新华网 | 30 日 17:01 |
| 3 | 媒体称 2020 年中国单身男性数量将达 3000 万 | 燕赵都市报 | 30 日 04:24 |
| 4 | 组图：鄂尔多斯突遭暴雨冰雹袭击 8 人死亡 | 新华网 | 01 日 02:07 |
| 5 | 野生东北虎袭击家畜 800 斤黑牛被撕掉大腿（图） | 中国新闻网 | 30 日 08:29 |
| 6 | 孟建柱：依法严厉打击暴力恐怖犯罪 | 新华网 | 30 日 00:56 |
| 7 | 内蒙古统战部长王素毅涉嫌严重违纪正接受调查 | 新华网 | 30 日 08:00 |
| 8 | 新疆鄯善县严重暴力恐怖袭击案告破 17 人落网 | 新华网 | 30 日 17:01 |
| 9 | 北京警方追查 C1F9 假币来源 称其并非真正高仿 | 新京报 | 30 日 03:15 |
| 10 | 吉林市火车站前屏幕播情色电影已查清 | 新华网 | 30 日 15:44 |

表 11-4  人民网国内新闻排行榜

| 排　序 | 新 闻 标 题 |
| --- | --- |
| 1 | 高清：驻疆武警部队举行反恐维稳誓师大会 |
| 2 | 王素毅涉嫌严重违纪正接受组织调查 |
| 3 | 新疆鄯善县严重暴力恐怖袭击案告破 |
| 4 | 新疆鄯善县严重暴力恐怖袭击案告破 |
| 5 | 国家信访局：7 月 1 日全面放开网上投诉受理 |
| 6 | 北京公布 85 处小产权房：多在昌平房山不乏天价四合院 |
| 7 | 7 月 1 日起我国公民出入境可使用专用通道 |
| 8 | 人大批准上合组织两项反恐协定 打击三股势力 |
| 9 | 维护新疆稳定，勇于戳穿谣言 |
| 10 | 高清：韩国总统朴槿惠访问西安 参观秦始皇帝陵博物院 |

通过上面的表格分析和实际内容的浏览查阅，与司法机关相关的国内重要信息有"新疆鄯善县严重暴力恐怖袭击案告破"、"孟建柱：依法严厉打击暴力恐怖犯罪"、"内蒙古统战部长王素毅涉嫌严重违纪正接受调查"等。通过确认完编报内容之后要进行信息的广泛搜集，不要仅局限于门户网站的信息，通过搜索引擎等多种工具进行网络信息搜集。不仅要搜集网络新闻信息还要搜集新闻信息所引起的网民评论信息，也就是还要搜集引起网民心理意识的网络舆情信息。

## 11.2  网络舆情信息摘报内容的汇集

通过前期的网络信息搜集，需要鉴别事件的真伪，可以通过追根溯源的方法查找信息的原始来源，初步鉴别"新疆鄯善县严重暴力恐怖袭击案告破"的网络新闻信息主要来源于新华网和天山网，新闻编报者主要为新华社的邹伟、贺占军、毛咏和天山网讯的田山，初步判断网络新闻信息来源的真实性。

对于网络新闻信息判断真伪之后还要进行信息的分类与归纳，对于前期搜集到的大量"新疆鄯善县严重暴力恐怖袭击案告破"网络新闻信息，进行浏览分类，大体上分为两类，一类为"新疆鄯善县严重暴力恐怖袭击案"的事实查明情况，另一类为"新疆鄯善县严重暴力恐怖袭击案"的事实查明情况和领导的态度、领导的探访、案件经过等内容，事件的具体内容如下。

据新华社电 新疆警方发布消息：新疆鄯善县严重暴力恐怖袭击案于昨日告破。

现已查明，2013 年 2 月以来，艾合买提尼牙孜·斯迪克纠集多人进行宗教极端活动，收听煽动暴力恐怖活动的音频资料，形成了 17 人的暴力恐怖活动团伙。6 月中旬以来，该团伙筹措资金，购买刀具、汽油等作案工具，多次踩点。

6 月 25 日，公安机关根据线索抓获该团伙成员 1 人。艾某因害怕罪行败露，26 日晨，伙同 15 名暴徒,先后袭击鄯善县鲁克沁镇派出所、巡警中队、镇政府、建筑工地、个体商店和美容美发厅,烧毁车辆,持刀疯狂砍杀公安民警和无辜群众,造成 24 人死亡,其中维吾尔族 16 人、汉族 8 人,包括 2 名女性。另有 21 人受伤。处置过程中,当场击毙暴徒 11 人,击伤并抓获 4 人,缴获刀具、汽油桶等作案工具若干。

经举报,最后一名逃犯伊布拉音·艾力于昨日被抓获。

- 表态

孟建柱 实行 24 小时执勤巡逻

中共中央政治局委员、中央政法委书记孟建柱 2013 年 6 月 29 日晚在乌鲁木齐出席新疆武警部队反恐维稳誓师大会并讲话。他强调,要坚决贯彻落实习近平总书记的重要指示和中央政治局常委会议精神,依法严厉打击暴力恐怖犯罪,切实提升各族群众安全感,保障各族群众安居乐业。

孟建柱指出,当前,新疆经济社会发展总的形势是好的。各族群众思稳定、谋发展、盼和谐,正在为创造美好幸福生活而努力奋斗。但是,境内外"三股势力"乱我新疆之心不死,千方百计地制造实施捣乱破坏活动。近期,暴力恐怖犯罪分子接连制造暴力恐怖袭击案件,冲击基层政权机关,杀害无辜群众,性质恶劣、手段凶残,给各族人民群众的生命财产安全和新疆社会的稳定带来了严重危害。广大武警官兵要坚决贯彻落实中央的决策部署,立即行动起来,以敢打必胜的战斗精神,坚决打掉犯罪分子的嚣张气焰。要与公安机关密切配合、通力合作,进一步强化社会面整体防控,实行 24 小时全天候执勤巡逻,提高见警率,保持威慑力,增强人民群众安全感。希望广大武警官兵不辱使命、不负重托。

- 探访

孟建柱、郭声琨观看"拦车"演练

中共中央政治局委员、中央政法委书记孟建柱,国务委员、公安部部长郭声琨 2013 年 6 月 30 日在新疆和田、阿克苏看望慰问各族干部群众、公安民警、武警官兵,实地检查中央关于维护新疆稳定各项决策部署的落实情况。

在和田市公安局吐沙拉派出所、和田市团结广场、阿克苏火车站,孟建柱、郭声琨看望慰问值班执勤的公安民警、武警官兵、兵团民兵,向大家表示亲切慰问和崇高敬意。孟建柱说,你们日夜坚守在防范打击犯罪、维护社会平安的第一线,恪尽职守、无私奉献,为维护社会稳定、促进民族团结做出了突出贡献,不愧为党和人民的忠诚卫士。

在和田县罕艾日克镇巴勒玛斯村,孟建柱、郭声琨走进村民艾合买提老汉家中,关切地询问他家中有几口人、一年收入有多少、对生活是否满意。听到艾合买提质朴的回答,孟建柱说,天底下有杆秤,这秤砣就是老百姓。

在和田市公安局指挥中心,孟建柱、郭声琨通过视频系统观看了查控拦截嫌疑车辆的实战演练。

在和田市拉斯奎新桥警民联合治安检查点,他们详细询问治安检查流程。在位于阿克苏市区中心的温州路步行街,孟建柱、郭声琨向联防队员了解市场商户开展互助守望、群防群治的成效,并通过市场内的治安岗亭了解网格化治安巡逻工作情况。

据新华社

暴力恐怖分子是新疆各族人民的共同敌人。这既不是民族问题,也不是宗教问题,而是维护祖国统一与破坏祖国统一的斗争。

——乌鲁木齐市委副书记、代市长伊力哈木·沙比尔

敌对分子看不得各族人民过上好日子,妄图破坏新疆和谐稳定的局面,各族人民绝不答应,我们要坚决维护新疆社会大局稳定。

——和田地委副书记、行署专员艾则孜·木沙

多年来,暴力恐怖分子在新疆先后制造了多起惨无人道、令人发指的暴力恐怖案件。他们的目的是要挑起民族仇恨,破坏民族团结,破坏新疆社会稳定,进而分裂祖国。

——阿合奇县 76 岁退休老干部白西汗

案件经过如下。

· 2013 年 2 月以来

艾合买提尼牙孜·斯迪克纠集多人进行宗教极端活动,形成了 17 人暴恐活动团伙。

· 6 月中旬以来

该团伙筹措资金,购买刀具、汽油等作案工具,多次踩点。

· 6 月 25 日

公安机关根据线索抓获该团伙成员 1 人。26 日晨,艾某因害怕罪行败露,伙同 15 名暴徒,制造严重暴恐袭击案件。

· 6 月 30 日

经群众举报,最后一名逃犯伊布拉音·艾力于 30 日被抓获。

对于网络新闻信息鉴别、分类之后,还要对网络新闻信息引起的网民评论信息和网络论坛信息进行处理,将网络上评论信息和论坛信息进行汇总和分类。由于网民的意见个性化较为强烈,可以初步分为两类即赞成、反对,再对里面的数据进行初步统计,还可以进行细分,赞成的具体内容归纳以及支持数量等。如图 11-1 所示为腾讯网络论坛中网友帖子的信息内容[①]。

图 11-1　腾讯热帖内容

① 　http://comment5.qq.com/comment.htm? site＝news&id＝42855043,腾讯论坛.

## 11.3 网络舆情信息摘报的编写

　　信息内容确定之后要进行编报题目,题目字数要尽可能少、内容不能失真,以方便阅读者理解,使阅读者通过题目便能够了解编报内容,有时也可以利用原来的题目,或者对原来的题目进行加工修改。摘报要具有相应的信息来源渠道、信息获取时间、信息所在网站、具体对象事件等内容,对于编报内容要具有摘报对象的原因、时间、地点、事件等内容,同时还要有网络转载、网民言论等内容。对于"新疆鄯善县严重暴力恐怖袭击案告破"的网络舆情信息摘报初步编写如下内容。

### 新疆鄯善县严重暴力恐怖袭击案告破

　　工作中发现,2013 年 6 月 30 日,在"新华网"等新闻网站报道:新疆鄯善县严重暴力恐怖袭击案告破。2013 年 2 月以来,艾合买提尼牙孜·斯迪克纠集多人进行宗教极端活动,收听煽动暴力恐怖活动的音频资料,形成了 17 人的暴力恐怖活动团伙。6 月中旬以来,该团伙筹措资金,购买刀具、汽油等作案工具,多次踩点。6 月 25 日,先后袭击鄯善县鲁克沁镇派出所、巡警中队、镇政府、建筑工地、个体商店和美容美发厅,烧毁车辆,持刀疯狂砍杀公安民警和无辜群众,造成 24 人死亡。处置过程中,当场击毙暴徒 11 人,击伤并抓获 4 人。经举报,最后一名逃犯伊布拉音·艾力于昨日被抓获。

　　目前,该文章已被新浪、腾讯、搜狐等多家媒体网站转载,网民反响强烈,纷纷表示支持党中央的决策,严厉打击犯罪分子。

# 习　题　11

　　搜集互联网信息,编写网络舆情信息摘报,要求具有国内信息、国际信息、本地网情、维稳信息四部分内容,可以附加其他条目信息,每个部分最好在两条信息以上,提交作业要有原始材料文件和编写的网络舆情信息简报文件。

# 第 12 章 网络舆情信息综合编报的编写

**教学目的**

① 了解网络舆情信息综合编报提纲的编写；

② 掌握网络舆情信息综合编报材料的搜集方法；

③ 掌握网络舆情信息综合编报的编写方法。

## 12.1 网络舆情信息综合编报提纲的编写

在对网络舆情调查分析之后，网络舆情信息综合编写之前，都要拟定一个写作提纲。这个提纲主要包括：一是主题，也就是综合编报的论述主题；二是暂定的标题，标题是主题的重要体现，暂时拟定的标题往往还不能最后确定，成文后可以进行修改完善；三是根据主题表达需要安排层次结构，即文稿的开头、中间、结尾怎样书写，所选定的材料如何安排设置，每个部分如何进行叙述、说明和议论。提纲一经确定之后，就不能随意修改。所以，提纲需要精心构思，避免影响后期的具体内容编写。

例如近期时有发生的烈性犬咬伤、甚至咬死人事件，网络上相关的信息瞬间铺天盖地，因此有必要对烈性犬伤人事件进行分析编报。经过前期的分析研究之后，开始提纲编写。主题是通过对近期烈性犬伤人事件的分析，归纳出隐藏在背后的原因，列举出各国的养犬管理政策，结合网民的各方意见，提出养犬相应的需要改进、加强、完善的具体事项，避免类似事件的发生。围绕主题内容可以初步拟定标题为"烈性犬伤人事件综合情况分析"。构思文稿的层次结构，开头导语部分可编写为烈性犬伤人事件的频现，危害了正常的社会秩序以及个体的人身安全，从而引导出文稿的主题。分别对烈性犬伤人事件搜集编写、网民各方意见搜集编写、各国养犬政策搜集编写，综合提出烈性犬伤人控制办法。文稿按照三个方面进行陈述说明，分析出相应的控犬方法。

## 12.2 网络舆情信息综合编报材料的搜集

客观事物的本质和事情的真相不会明白无误地显露在人们面前，往往都会被种种迹象所掩盖，要想了解事物的本质和真相，必须深入实际、认真分析研究，才能发现事物的本质并提出问题的解决方法。要想将事物分析得有理有据,必须要钻研、熟悉、调查与题目有关的理论知识、法律政策,提高思想水平,提高综合分析事物的能力。要想将事物分析得有理有据,还要调查分析大量的材料,正面材料和反面材料,历史材料和现实材料,局部材料和全局材料,横向材料和纵向材料,掌握各方面材料,深入实际认真分析。

对烈性犬伤人事件综合情况分析,需要搜集已经发生的诸多烈性犬伤人事件材料,具体搜集材料如下。

2013 年 6 月 28 日,四川泸州某小区门口,一只藏獒咬伤一名妇女,藏獒被民警当场击毙。

2013 年 6 月 27 日,辽宁大连旅顺区一藏獒咬死一小女孩,犬主被刑事拘留。

2013 年 6 月 24 日,北京昌平两只藏獒从某公司院内蹿出咬伤 3 名路人,犬主被处罚,藏獒被带走留检。

2013 年 6 月 13 日,辽宁庄河街面上一只大藏獒见人就咬,多人被咬伤,特警队员将其击毙。

2013 年 6 月 3 日,山西运城一名 8 岁小女孩遭藏獒撕咬,经过路人营救,小女孩方才脱险。

对烈性犬伤人事件综合情况的分析,需要搜集各国关于养犬的相应政策法规,具体搜集材料如下。

我国《侵权责任法》规定,禁止饲养的烈性犬等危险动物造成他人损害的,动物饲养人或管理人应当承担民事侵权责任。"烈性犬致人重伤或者死亡的,其饲养人或管理人还可能因涉嫌过失致人重伤罪或过失致人死亡罪承担刑事责任。"根据《民法通则》,饲养人由于没有尽到管理义务,对于自己饲养的狗对其他人造成的损失,应当承担民事赔偿责任。地方政府分别制定了地方养犬管理办法,养狗前,必须到公安部门进行登记,为狗办理"身份证",主人外出遛狗的时候也要携带养犬登记证以及为狗带上约束绳。

美国除《恶犬法案》、《联邦动物保护法》和《妨碍公共利益法》三大涉犬法律外,每个州、镇都有自己的条例。《恶犬法案》规定,在公共场所,主人必须每时每刻为狗戴上约束皮带和嘴套。否则一经发现,执法部门有权将其充公或杀死,且视情节轻重追查狗主人的刑事责任,甚至可判入狱 90 天。

瑞士规定如果犬只到户外公共场所没有戴嘴套,警察将视情节开出不少于 600 瑞郎(约合 3902 元人民币)罚单。

日本规定只要出现犬只伤人情况,肇事犬只必须被取脑检验,以便最终确认是否携带狂犬病病毒。这种检测手段意味着肇事犬被判"死刑"。

新加坡规定所有 A 类犬(大型犬)须绝育并终身携带植入体内的电子芯片。豢养者须投保 10 万新元(约合 484 230 元人民币)第三方责任险,还须提供 5000 新元的保证金。一旦出现犬只没有系皮带或嘴套出现在公共场合的情况,保证金就会被没收。

对烈性犬伤人事件综合情况分析,需要搜集新闻媒体、网民等各方的意见态度,全面掌握动态信息,新华网刊登信息材料如下。

**"狗伤人"事故频发　莫让"人类最好朋友"成"敌人"**

中广网北京 7 月 1 日消息据中国之声《全球华语广播网》报道,上个月,遵义晨练老人被恶犬咬伤致死；前两天，山西运城 8 岁女孩被藏獒袭击；大连旅顺 6 岁女孩，被恶犬扑倒，撕咬致死。

河北疾控中心数据显示，因为天气炎热以及狗的生理原因，每年 5～10 月都是狗伤人案例的高发期，当地平均每天有 50～82 例被狗咬伤的就诊病例，其中老人、孩子占据相当部分。

各地市民再次呼吁：养狗人敬请自律，政府需要立法对伤人恶狗的主人处以刑事责任。而海口市即日起将对各社区进行不定期检查，限期清理藏獒等 29 种大型烈性犬。

刑罚、禁养，多大程度上能够遏制恶犬伤人的悲剧？在海外，人们又是如何"防狗伤人"的呢？

法国，堪称宠狗欧洲第一的国家。据统计：法国共有 3700 万只宠物，相当于法国儿童总数的两倍，其中狗达到千万只。旅居法国的万凌虹女士说："为了减少狗咬人、伤人的悲剧，法国大型犬类出门，主人需要携带狗的户口、口罩、保险，一个也不能少。"

万凌虹说："在法国，你要养狗尤其是大型犬的话，一定要给狗上户口。大型犬、中等型的犬出去一定要给它戴口罩，不戴口罩是不能上街的，这是法律的硬性规定。假设出现了狗伤人的情况，狗主人要负担狗伤人的刑事责任和民事责任，刑期是 6 个月，罚款是 8000 欧。养大型犬的话，还有一个强制性的规定，狗主人必须买保险。"

在法国，如果爱犬不争气，闯了祸，政府除了法律的治理之外，也提供"狗学校"这样的服务。

万凌虹说："我身边曾经有一个朋友被狗咬过，他当时咬得不是特别厉害，所以他就去医院打了狂犬疫苗，没有去控告狗的主人，但是警察局的警察还是对这件事情进行了处理，狗被送去了兽医那里，在兽医那里接受观察，一般情况下是 15 天左右，然后兽医会给出一个结论，看这个狗是否有再次攻击伤人的可能性。如果有的话，这个狗就会被注射安乐死；如果这个狗在观察了 15 天之后，医生决定说这个狗可以送去再教育的话，这狗就还是能养的，狗主人就可以继续把狗领回去养。法国有专门的狗学校，买了狗之后，这个主人就会让狗去上学校，对狗进行教育，让它不要伤人。"

在美国，62％的家庭拥有至少一种宠物，宠物狗占到九成。如果宠物闯了祸，主人自然责任难逃，但是，凤凰卫视驻美国记者庞哲说："在狗伤人致死案例中，狗主人应该承担的责任没有清晰、统一的规定。"

庞哲表示："美国狗咬人的事件非常普遍，每年平均发生八十万起左右，其中 75％被咬者是儿童。狗咬人的程度从轻伤到死亡，每年都会发生。美国法律机构也开始高度重视对狗咬人的处理方式，也有狗因伤人致死而被处死的案例，但是在社会上这种案例会引起极大的反弹，因为伤人致死的案件中，狗主人应当负多少责任，到目前为止还没有清晰统一的规定。"

在美国，如果狗咬人，被咬人可以向狗主人索取赔偿金。如果狗主人有保险的话,各种费用,包括医疗费用、被咬伤者不能上班的经济损失甚至心理损失等都会由保险公司赔偿。如果没有保险的话,狗主人就要自己掏腰包了。另外,美国各州与市政府对这类案件的法律管理程序也非常不一,在有的地区,被告者可能不是狗主人,而是咬人事件发生时看狗的人,或者是训练者,或者是受雇遛狗的人,有的甚至是房东,因为房东没有及时向周边的行人提供足够的警告或者没有及时在居住区清除失控的危险动物。

日本人在养狗方面的小心谨慎堪称楷模。《全球华语广播网》日本观察员黄学清说,在日本,怎么养狗和遛狗,规矩都是白纸黑字写得很清楚。

黄学清表示,在日本养狗要遵守很多规定,不仅要申请办理饲养证,每年给狗打疫苗;带狗外出时必须用绳子牵着狗,以免咬伤他人;清晨或者是夜间带狗散步的时候,还要尽量减少狗叫,以免影响居民的休息。很多地方政府对狗的种类还有明确的规定,很多公寓都明确规定,禁止养狗或者禁止养某些种类的狗。

一旦出现宠物狗咬伤人的事件,不仅要在民事上被追究损害赔偿,还会因伤害罪被追究刑事责任。日本法律规定,狗袭击人可以判处主人10年以下徒刑,或30万日元以下罚款。在日本,宠物伤人事件也时有发生,最近引起关注的是著名影星松岛菜菜子和反町隆史家的狗咬伤了邻居,让邻居深感不快,提前结束了租约搬出了公寓。邻居因此要向公寓交纳相当于二十多万人民币的违约金,但公寓方了解了情况以后,没有向这个邻居索要违约金,而是把松岛菜菜子家告上了法庭,随后法庭判处松岛菜菜子家向这家公寓赔偿这部分损失。

现在城乡养狗的人越来越多,作为一位爱狗人士,在爱你的宠物的同时,你是否明白自己的职责,遵守在城市中不豢养猛犬的规定?

因狗死伤者的鲜血还没有淡去,希望他们激起的不只是一时的义愤,而是深刻的反思和有效的整改。让宠物与人真正和谐共处,我们要思索的还很多。

## 12.3 网络舆情信息综合编报内容的分析

网络舆情信息综合编报不是以占有大量的网络信息为目的的,而是通过对调查所取得的材料进行分析整理、去伪求真、由表及里、去粗求精,做出科学的分析,分析现象与本质。在分析过程中找到规律性的、普遍性的、具有指导意义的东西,要以客观事实为依据,从宏观处着眼,避免简单的事物分析。

烈性犬伤人事件的频现主要原因归纳分析如下。

第一,由于夏季的到来,温度逐渐升高,动物容易情绪烦躁、冲动。进入夏季后温度升高,使一些原本温顺的狗情绪比较烦躁,加之一些犬类原本生活的环境较为寒冷,不适应高温天气的变化,容易引起伤人事件。另外,初春季节多是动物的发情期,也容易引起动物烦躁,导致其攻击性较为强烈。

第二,为了喂养以及遛狗方便,狗主人常常不使用牵引绳约束自己的爱犬。根据有关养犬规定,狗在公共场所必须让狗佩戴牵引绳以对其进行约束,可是狗主人为了图方便,往往不给狗佩戴牵引绳,在公园里、广场上、马路边等公共场所都没有给狗带牵引绳,甚至于在游乐场、电梯间、走廊里等场所与人近距离接触时也没有按规定给狗带牵引绳。

第三,管理部门只知道登记收费,没有落实到实处进行管理。根据有关的养犬规定,狗主人必须要到公安机关对狗登记等级备案,为狗办理"身份证"。但是有些市民嫌登记过于烦琐,收费价格较高,就不对自己的爱犬进行登记,造成有管理但很混乱。登记之后,就认为万事大吉了,没有相应的管理约束了,不佩戴牵引绳等有关规定也无人管理,即便有管理也是走马观花。

第四,规章制度比较模糊,没有对狗主人形成有效的约束力。我国对养犬虽然有规定,但是大多对养狗人的责任和权利较为含糊。例如只规定禁止养烈性犬,但并没有明确规定,违规饲养会怎么处理,怎样追究相应的责任。对大型犬和烈性犬的规定不够科学具体,按身高体重计算大型犬,那么小型烈性犬如何界定?对烈性犬伤人如何赔偿规定得也不够具体,怎样赔偿更不具体,人们往往在出了事之后进行私下调节,对于狗咬人对公共安全秩序的危害并没有处罚。

第五,宣传报道,监督举报较差。对于烈性犬伤人事件的发生新闻报道较为快速,但平时的养狗管理规定的宣传力度不够,同时对民众的教育不够,应该教会民众辨认哪些是大型犬、哪些是烈性犬,宣传养狗的有关规定。同时向民众说明发现违规养狗事件如何进行举报,提高民众的辨别能力和民众的监督举报意识,使全民参加到养狗监督中来。

对烈性犬频发伤人事件的对策建议如下。

第一,加强监督管理。公安机关应该加强平时的巡逻,有意识地进行监督管理,加强对狗经常出现的地方的巡逻。适当降低办理狗证的费用,方便群众对狗的登记注册。适时开展抓捕流浪狗活动,避免没有主人的流浪狗的伤人事件,保持和谐安定的社会秩序。

第二,加强对狗主人的养狗教育。对于放养狗的出现,重点是对狗主人的说服教育,增加狗主人的养狗责任和义务,对于说服教育不听者可以适当地进行处罚。同时,新闻媒体也应加强对养狗行为的宣传报道,让每个人都了解养狗的有关规定和相应的责任与义务。

第三,加强法律法规制度建设。制定养狗的法律法规要具有可行性,方便管理性,加大对违规养狗人员的处罚力度,使管理者做到有法可依,出师有名。

第四,调动群众监督意识。与放养狗接触最多的除了狗主人就是群众,提供举报电话,方便人民群众举报,加强日常监督管理。

## 12.4　网络舆情信息综合编报的编写方法

网络舆情信息综合编报编写要用第三人称叙述方式进行。以叙述为主,议论为辅,提出观点。叙述为主是指叙述事实情况,需要简洁具体、清晰明了。议论为辅是指提出问题、分析问题、解决问题。网络舆情信息综合编报编写就是要通过叙述事实情况,经过分析议论提出问题、解决问题,为领导的决策服务。

[范例]

## 烈性犬伤人事件综合情况分析

入夏以来,全国各地接连发生烈性犬伤人事件,民众对此给予了广泛关注,引起了网民的深度讨论,对于狗的如何管理再一次引发了民众的强烈反响。为便于领导了解掌握社情民意,更好地维护社会秩序,针对近期烈性犬伤人事件进行了网上巡查整理,现报告如下:

1. 近期烈性犬伤人事件

2013年6月28日,四川泸州某小区门口,一只藏獒咬伤一名妇女,藏獒被民警当场击毙。

2013年6月27日,辽宁大连旅顺区一藏獒咬死一小女孩,犬主被刑事拘留。

2013年6月24日,北京昌平两只藏獒从某公司院内蹿出咬伤3名路人,犬主被处罚,藏獒被带走留检。

2013年6月13日,辽宁庄河街面上一只大藏獒见人就咬,多人被咬伤,特警队员将其击毙。

2013年6月3日,山西运城一名8岁小女孩遭藏獒撕咬,经过路人营救,小女孩方才脱险。

2. 烈性犬伤人事件的高发原因

第一,由于夏季的到来,温度逐渐升高,动物容易情绪烦躁、冲动。进入夏季后温度升高,使一些原本温顺的狗情绪比较烦躁,加之一些犬类原本生活的环境较为寒冷,不适应高温天气的变化,容易引起伤人事件。另外,初春季节多是动物的发情期,也容易引起动物烦躁,导致其攻击性较为强烈。

第二,为了喂养以及遛狗方便,狗主人常常不使用牵引绳约束自己的爱犬。根据有关养犬规定狗在公共场所必须佩戴牵引绳以对其进行约束,可是狗主人为了图方便,往往不给狗佩戴牵引绳,在公园里、广场上、马路边等公共场所都没有给狗带牵引绳,甚至于在游乐场、电梯间、走廊里等场所与人近距离接触时也没有按规定给狗带牵引绳。

第三,管理部门只知道登记收费,没有落实到实处进行管理。根据有关养犬的规定,狗主人必须要到公安机关对狗登记等级备案,为狗办理"身份证"。但是有些市民嫌登记过于烦琐,收费价格较高,就不对自己的爱犬进行登记,造成有管理但很混乱。登记之后,就认为万事大吉了,没有相应的管理约束了,不佩戴牵引绳等有关规定也无人管理,即便有管理也是走马观花。

第四,规章制度比较模糊,没有对狗主人形成有效的约束力。我国对养犬虽然有规定,但是大多对养狗人的责任和权利较为含糊。例如只规定禁止养烈性犬,但并没有明确规定,违规饲养会怎么处理,怎样追究相应的责任。对大型犬和烈性犬的规定不够科学具体,按身高体重计算大型犬,那么小型烈性犬如何界定? 对烈性犬伤人如何赔偿规定得也不够具体,怎样赔偿更不具体,人们往往在出了事之后进行私下调节,对于狗咬人对公共安全秩序的危害并没有处罚。

第五，宣传报道，监督举报较差。对于烈性犬伤人事件的发生新闻报道较为快速，但平时的养狗管理规定的宣传力度不够，同时对民众的教育不够，应该教会民众辨认哪些是大型犬、哪些是烈性犬，宣传养狗的有关规定。同时向民众说明发现违规养狗事件如何进行举报，提高民众的辨别能力和民众的监督举报意识，使全民参加养狗监督中来。

### 3. 世界各国养犬有关规定

我国《侵权责任法》规定，禁止饲养的烈性犬等危险动物造成他人损害的，动物饲养人或管理人应当承担民事侵权责任。"烈性犬致人重伤或者死亡的，其饲养人或管理人还可能因涉嫌过失致人重伤罪或过失致人死亡罪承担刑事责任。"根据《民法通则》，饲养人由于没有尽到管理义务，对于自己饲养的狗对其他人造成的损失，应当承担民事赔偿责任。地方政府分别制定了地方养犬管理办法，养狗前，必须到公安部门进行登记，为狗办理"身份证"，主人外出遛狗的时候也要携带养犬登记证以及为狗带上牵引绳。

美国除《恶犬法案》、《联邦动物保护法》和《妨碍公共利益法》三大涉犬法律外，每个州、镇都有自己的条例。《恶犬法案》规定，在公共场所，主人必须每时每刻为狗戴上约束皮带和嘴套。否则一经发现，执法部门有权将其充公或杀死，且视情节轻重追查狗主人的刑事责任，甚至可判入狱 90 天。

瑞士规定如果犬只到户外公共场所没有戴嘴套，警察将视情节开出不少于 600 瑞郎（约合 3902 元人民币）罚单。

日本规定只要出现犬只伤人情况，肇事犬只必须被取脑检验，以便最终确认是否携带狂犬病病毒。这种检测手段意味着肇事犬被判"死刑"。

新加坡规定所有 A 类犬（大型犬）须绝育并终身携带植入体内的电子芯片。豢养者须投保 10 万新元（约合 484 230 元人民币）第三方责任险，还须提供 5000 新元的保证金。一旦出现犬只没有系皮带或嘴套出现在公共场合的情况，保证金就会被没收。

### 4. 烈性犬伤人事件网络舆情动态

由于近期烈性犬伤人事件的高发，尤其是烈性犬咬人致死事件的发生，新闻媒体接连报道，引起了民众的广泛热议。

新闻媒体主要以烈性犬伤人事件报道为主，新闻评论为辅，主要观点是增加养狗人对狗管理的责任和意识、加强养狗管理的具体落实等。

网民的动态信息以加强打击力度为主，加强制度建设，规范狗主人的管理责任，落实具体的养狗管理政策。也有言辞激烈者要求违规养狗的立即捕杀等内容。同时，也有个别反驳意见，主要有养狗给主人带来了欢乐、给公安军队带来了相应的战斗力等。

### 5. 烈性犬伤人事件对策建议

针对近期接连发生烈性犬伤人事件，引起广大民众的关注和网民的热议，通过对网上相关信息搜集与分析，为了更好维持社会秩序，保护人身安全，对各方提出的对策建议加以总结归纳如下：

第一，加强监督管理。公安机关应该加强平时的巡逻，有意识地进行监督管理，加强对狗经常出现的地方的巡逻。适当降低办理狗证的费用，方便群众对狗的登记注册。适时开展抓捕流浪狗活动，避免没有主人的流浪狗的伤人事件，保持和谐安定的社会秩序。

第二，加强对狗主人的养狗教育。对于放养狗的出现，重点是对狗主人的说服教育，增加狗主人的养狗责任和义务，对于说服教育不听者可以适当地进行处罚。同时，新闻媒体也应加强对养狗行为的宣传报道，让每个人都了解养狗的有关规定和相应的责任与义务。

第三，加强法律法规制度建设。制定养狗的法律法规要具有可行性，方便管理性，加大对违规养狗人员的处罚力度，使管理者做到有法可依，出师有名。

第四，调动群众监督意识。与放养狗接触最多的除了狗主人就是群众，提供举报电话，方便人民群众举报，加强日常监督管理。

# 习　题　12

根据当前网络舆情动向，确定网络舆情编报选题，围绕选题搜集舆情信息材料，概括提炼出具有鲜明个性特色的信息编报主题(信息编报题目自拟)，编写出一份综合性舆情分析文稿，进行相应的审查核实后，上报给指定的业务部门。要求编写舆情信息文稿要语言精简、逻辑清楚、层次分明。最后将编报文件、搜集信息文件压缩提交。

# 第 13 章

# 网络舆论引导的运用

**教学目的**

① 了解网络舆论引导的流程；

② 了解网络新闻发布会的举行方法；

③ 了解网络舆论引导的具体方法。

## 13.1 网络舆论引导的流程

舆论引导是处理社会公共事务的重要组成部分，是避免发生群体性事件的最佳选择，是促进社会和谐稳定发展的有效方法。由于科学技术的发展，舆论多是以网络为载体进行传播的，要想科学有效地进行舆论引导，开展网络舆论引导就显得尤为重要。

网络舆论引导是舆论引导的组成部分，网络舆论引导与舆论引导具有相同之处。同时，由于网络技术的特殊性，网络舆论引导又有别于舆论引导。

舆论引导首先要建立宣传舆论工作联席会议制度。联席会议要定期召开，会议议程是传达重大工作部署的意见和宣传工作的重要精神，通报舆论宣传工作情况，分析舆论中关注的热点、敏感问题，研究舆论引导的意见和措施，及时掌握带有倾向性、苗头性的敏感问题，引导媒体正确的舆论导向，坚持正面宣传，防止群体性事件、突发性事件和恶意炒作事件的发生，不断提高主流媒体的舆论引导能力。网络舆论引导工作是舆论引导工作的重要组成部分，也应按照宣传舆论工作联席会议制度开展工作，掌握网上舆论的倾向性、苗头性敏感问题，防止网上恶意炒作事件的发生，进行网上舆论引导防止群体性事件和突发性事件的发生。

网络舆论引导要建立宣传责任机制和网络信息检测机制。掌握网络舆论宣传阵地的主动权，正确引导网络舆情和网络媒体宣传工作，使热点问题、难点问题处在可控范围之内，避免大规模网上恶意炒作事件的发生，广收信息来源，及时收集、整理、上报，形成快速传递、反应敏捷、有效处置的机制。

网络舆论引导流程是通过宣传舆论工作联席会议，制定舆论引导策略，部署具体引导计划，落实舆情引导工作，不断捕捉、反馈网络舆论的最新动向，进一步完善引导计划，有条不紊地开展网络舆情的引导工作。

## 13.2 网络新闻发布会的举行

网络新闻发布会是新型的发布会类型,是在虚拟的空间中进行新闻发布,通过网络将无限分散的与会者组织起来,从而实现信息发布和沟通的信息传播活动。当事件发生后,通过举行网络新闻发布会,能够有效地提高新闻发布时效,扩大发布空间,拓展交流内容,节约会议成本。通过网络信息发布会的形式可以做到图文并茂,充分提供事件相关的背景材料和知识链接等,提高新闻发布的效果。网络新闻发布与常规的信息发布由于载体不同,需要具有特殊的组织程序,主要具有如下工作内容。

(1) 精心准备新闻发布工作

对于舆论涉及的具体事物对象,事件的来龙去脉,事件的发生原因,网民关心的热点、敏感问题,事件的发展趋势、处置方法等做好充足的准备。以及对网络新闻发布会的发言口径、时间设定、内容范围等都要进行提前设定,防止与新闻发布无关的内容的干扰,做好有针对性的新闻发布工作。

(2) 选好最佳的网络平台

网络新闻的发布平台应以网络平台的影响以及与会者的参与方便为主。网络是不分地域限制的链接平台,但网络平台的传递速度会影响网络新闻发布的效果,选择传播速度较快的网络平台是首要因素。网络平台是与会者参与的平台,通过对与会者的分析,选择方便的网络平台,完成具有针对性的网络新闻发布。

(3) 即时回答记者和网民的提问

网络新闻发布因其是以网络为平台的新闻发布,与会者众多,提问数量是常规新闻发布提问数量的数倍,甚至于几十倍,问题涉及的领域可能也会比较广泛,因此问题回答要针对与发布会议内容相关的进行,同时尽可能邀请相关领域的专家、学者进行支撑,保障网络新闻发布的有效进行。

(4) 网络新闻发布会的技术支撑

网络新闻发布会是以网络为载体的发布,对网络的技术保障需要提前做好准备,维护系统的正常运行,防止网络堵塞影响网络新闻发布。同时对于网络议题的提出可以进行筛选,防止不相关的提问干扰网络新闻发布。

(5) 建立网络新闻网站

网络新闻网站是对事件的全面报道,通过文字、图片、声音、视频、动画等多种形式展示事件的真相,方便网民对事件的了解,同时也可以提前统计分析网民最为关心的话题,做到提前准备心中有数。

(6) 新闻评论的跟进

网络新闻发布会过程中,组织相应的新闻评论,进行网络刊登,方便网民的阅读理解,引导网络舆论的发展方向。

(7) 组织网站转载

网络新闻发布的平台只有一个,但通过转载网络新闻发布会的相关内容,可扩大新闻发布效果,引导网络舆论的发展走向。

**上海首次举行网上新闻发布会**

在 2004 年 8 月 19 日,上海市政府新闻发布会首次"搬"到了网上,除了新闻发布稿"挂"在了市政府门户网站以及东方网外,媒体还可以通过东方网的"嘉宾聊天室"向相关部门的负责人提问,而且普通市民也可以参与提问。

上海市科教党委副书记、市科教兴市领导小组协调办公室专职副主任俞国生,市科委副主任兼市教委副主任王奇也对网上提问进行了详尽的回答,使网民们能在第一时间获得新闻发布会的信息。

在短短一个小时的时间里,海内外各大媒体记者和在线网民共提出了 84 个问题,而两位相关委办领导回答了记者和网民的 28 个提问。对此,上海市政府新闻办有关人士表示,通过网络进行新闻发布会是一次全新的尝试。网上新闻发布会提问面更广,提问量也更加多。在传统新闻发布会上,市政府新闻发言人是对记者发布新闻,然后由媒体记者告知市民相关信息,而今天的网上发布则是让网民第一时间得到信息。从实际情况来看,效果不错,达到了预期目的。

## 13.3　博客在网络舆论引导中的运行

博客是网络上个人管理、不定期张贴文章的网站。博客因其形式较为多样,内容比较新颖,交流比较灵活,备受网民的喜爱。开通博客进行网络舆情引导是近些年刚刚出现的方式。政府机关构建官方网站进行信息发布,往往语气显得较为"官方",不容易让网民接近,更不能达到使网民畅所欲言的目的。不能与网民进行交流,也就达不到思想心灵的碰撞,也就不能进行网络舆论引导。而博客则不同,它不是官方的网站,网民交流起来没有那么拘谨,比较灵活随意。网络舆论利用博客开展引导工作,既可以由官方发布正式信息,又可以使网民参与讨论,方便政府机关进行舆论引导。利用博客开展舆情引导的特点如下。

(1) 信任度较高

官方开办博客,让民众感觉到是政府行为,是官方的网络代言人,发布的信息真实、可靠,能够让网民信任。官方博客不同于个人博客,里面的信息内容应该是经过博主的筛选鉴别的,同时也是官方的网络信息发布之地,网民可以在网络上最先获得事件的发展动态,满足其好奇心。

(2) 形式多样化

官方博客属于博客的具体应用化,形式应该保留博客的固有特点,页面浏览起来应该比较放松,没有官民之分,网民可以畅所欲言、随意交流,从而拉近了网民与官方的距离,达到了解社情民意以及沟通交流的目的。

(3) 资讯信息快

在突发性事件爆发的时候,互联网上的信息鱼龙混杂,真假难辨,而此时网民最需要的就是了解事情的真相,官方微博可以发挥其信息更新速度快的特点,通过迅速发布事情的真相信息,引导网络舆情朝着正确的方向发展。

(4)说服教育强

官方微博通常是为了解决业务工作而设立的,在官方微博上进行业务说明最为权威,网民也可以就此进行交流互动,对于业务的不懂之处可以进行提问,解决实际的业务问题,同样可以就业务范围内的舆论宣传与引导发挥作用。

博客是信息化发展的产物,也是网络上的应用交流工具,2010年7月29日北京警方就开通了官方公安微博——"平安北京",备受社会关注。"平安北京"微博针对网络热点话题快速跟进,及时报道,发布权威信息。例如:回应方舟子遇袭案件、直播营救登山被困者、发布外国人被枪击致死真相等,引起网友热议,受到舆论好评。"平安北京"是集博客、微博和播客三位一体、交叉互补的网络公共关系平台,此种模式在中国公安系统尚属首例。如何适应新媒体时代的变化,提升网络舆论引导能力,政府官员已经着手开展博客引导舆论工作了。

## 13.4 论坛在网络舆论引导中的运行

网络论坛又称电子公告栏,是设立在虚拟空间中的电子白板,由论坛版主进行直接管理,帖主提出议题,网民根据自己关心的议题回帖发表个人观点。网络论坛因其具有相对的身份隐匿性,内容发表自由性,受到广大网民的青睐。与此同时,网络论坛也就成为了网络舆论的聚集地、爆发地,在网络舆论引导过程中对于网络论坛的引导也就成为了重中之重。利用网络论坛进行网络舆论引导需要进行开展如下工作。

(1)发现网络舆论的主阵地

要想进行网络舆论引导首先应该发现网络舆论的所在之处,通过前面讲解的信息搜索方法,设置舆论关键字;通过搜索引擎在指定的论坛中搜索网络舆论;通过论坛站内搜索功能搜索网络舆论,通过日常网络信息监控得到网络舆论;搜集到网络舆论的主阵地,开展网络舆论信息搜集工作。

(2)掌握网民的意见诉求

对论坛中的内容进行认真细致的浏览阅读,观察论坛议题的浏览率、回帖率、支持率等,体现论坛议题的热度情况。梳理出网民的意见诉求,支持者的数量以及支持者的观点、依据和提出的建设性意见。要整理出反对者的数量、观点、依据和意见。对于网络舆论涉及的事件要掌握,对于网民的意见诉求也要掌握。

(3)制订引导策略

通过对网络意见的梳理,结合事件的实际情况以及网络舆论引导联席会的工作方向,制订网络舆论的引导策略,从宏观上把握网络舆论引导方向。制订网络舆论引导的工作计划并落实网络舆论引导的工作人员,从微观上开展网络舆论引导工作。

(4)站在网民的角度进行说服教育

网络论坛是网民自由发表意见的公告栏,在此进行网络舆论引导一定要站在网民的角度思考问题,维护网民的利益诉求,疏导网民的意见诉求,引导网民进行正常的意见诉求,讲解非正常的诉求可能给公共事务和社会秩序带来的影响,发动网民维护个人的权益以及公众的权利。舆论涉及事物还没有搞清楚之前的引导,以督促事件真相公开为主,站在网民的角度进行引导。在事实清楚的情况下以政府的工作情况为主进行引导,让公众了解事实。舆论消退期以外部政府公布事实链接为主进行网络舆论引导。

（5）设置外部链接宣传教育

网络论坛引导是舆论引导的组成部分,重在公布事实,让网民了解事件真相。政府公开的事实信息以及动态政务信息,是网络舆论引导的最佳说服依据,通过政府公开事物的网址链接,方便网民查阅浏览网站信息,让网民尽早地了解真实情况,避免受蒙蔽而跟随发表不恰当言论。

（6）设置网络舆论引导议题

网民需要正确的引导,以方便其阅读浏览事实真相信息,也可以采取设置网络议题的方式,让网民随时都能了解事实真相。设置网络引导议题使网络舆论引导工作深入最基层。

（7）发挥意见领袖作用

适当地邀请相关领域专家进行讲解评议,使网民能够在更加深入地了解事实的同时真正明白其中的道理。发动网络上的名人效应,调动网络名人发表言论,使其参与到网络舆论引导工作中来。让有相同遭遇的人进行以身说法,具有共同的遭遇更能引起网络的共鸣,以此达到网络舆论引导的目的。

（8）寻找发布虚假信息的幕后黑手

对于网络舆论的形成,首先要有网络议题的出现,然后网民跟帖发表言论,随着浏览的增加,言论的发表,议题逐渐成为热帖。为了使议题成为热帖,有些网民发布虚假信息,蒙骗网民,以此骗取网民的同情心,引发网络舆论。此类网络舆论引导重在发现幕后黑手,整治网络秩序,寻找网络黑手要从虚假议题的设立以及发表不实言论开始,使幕后黑手逐渐浮出水面。对于幕后黑手要通过司法机关进行说服教育,或使其接受治安拘留处置。

## 重庆网警回复网友死亡日记感动众人

2010 年 5 月 12 日,网络论坛一篇《就〈死亡日记〉答网友》的网帖"不管是真是假,我和我的战友们从来没有懈怠过,没有让任何一个鲜活的生命,眼睁睁地消失在我们面前……"感动了众多网友和《死亡日记》里的主角。发帖人的 ID(网上注册名)——"重庆网警",再次将网友的眼球吸引了过来。

根据网站公开显示的信息,这一 ID 注册一年零两个月来,仅在该网站就及时处理了多起网友发帖反映的问题。"重庆网警"是他的真实职业,还是某位网络大侠假借网警名号行正义之事？网友的问号越来越多,发出疑问的帖子的现象在网上层出不穷。

前日,记者带着这些疑问,揭开了"重庆网警"这一 ID 的神秘面纱。

• "重庆网警"发帖 文字细腻感人

2010 年 5 月 10 日,一篇《临行临别,我的死亡日记》的网帖惊现网络社区重庆论坛,帖主宣称他将在 5 月 14 日结束自己的生命。514,"我要死",一个包含隐喻的日子牵动着网友的神经。

是恶搞还是炒作?尽管真相难以判断,但大多数网友都跟帖劝慰帖主,同时呼吁网警介入,一起拯救这个脆弱的生命。5 月 12 日,帖主再次现身,声明是代发帖,并称经众多网友劝导,当事人情绪已稳定,放弃了轻生念头。

这一事件本已告一段落,可是 ID 为"重庆网警"的网友,5 月 12 日再次回应发帖,吊起了网友的胃口。

"记得在我读书的时候,写过一篇作文,名字就叫《活着,真好》……我们都曾经年轻过,都经历过那些美好时光,或许也有过放纵生命的荒唐岁月。"

"在我眼里,论坛里每一个 ID,并不是一些冷冰冰的文字、数字和字母,那背后都是一个个真实存在的人……在我的记忆里,这是半年之内,寻找的第三个有轻生念头,或自称欲了却生命的网友。令我欣喜的是,不管是真是假,我和我的战友们从来没有懈怠过,没有让任何一个鲜活的生命,眼睁睁地消失在我们面前。不管真假,我们都会全力以赴……"

"我想告诉每个关心着这个事情的网友,你们的爱心并没有浪费。在我看来,哪怕是有一千次虚惊,只要有一次是真的,我们的努力,你们的爱心付出,就是值得的。"

• 内容真挚感人 感动上万网友

这篇不足 500 字的帖子,访问量竟在当日就达 4779 人次,到目前已有上万网友浏览,近千名网民回帖。

网民"我是高兴就来"在回帖中称,一直以为,网络上的警察都是生硬而冷血的。真的没有想到,"重庆网警"让我完全颠覆了这个印象。文字是如此感性而生动,在网络的另一端,我依稀可以感受到那温暖的十指和涌动的热浪。有轻生念头的网友,请你一定一定珍惜生命!有什么比活着更好?谢谢网警,谢谢热爱生活的人们!

网民"束河风"在帖子中称,"你的文字,第一次让我感觉到了温度。愿这些生命的悲悯,可以让更多的人怀想人生的温暖。"

此帖同样感动了《死亡日记》主角"懦弱的我",他在跟帖中写道以下内容。

"发帖第二天,天涯网警就四处寻找我,给了我很多人生的建议。还有很多好心人通过网络帮助我。所有的这些,我都无法言谢。生活对于我来说是难的,我曾经很努力去适应,但是它却没有如我爱它一般爱我。直到《死亡日记》发布以后,才让我感受到了些许温暖。自杀,就如一位网友说的,是懦夫的行为。我也不愿意当懦夫。"

"请所有关心我的人再给我一些时间,我会慢慢调整自己的状态。我希望下一次出现在网上的时候,一定是我重新站起来的时候。"

• "网警"频频现身 网友猜测不断

记者通过网上查询系统,了解到"重庆网警"注册于 2009 年 3 月 25 日。资料显示,截至现在,他发帖 11 次,回复 106 篇。

"重庆网警"的帖子内容主要包括重庆警方正告任何妄图针对学校，或扬言针对孩子们制造凶案的不法之徒，你将面临法律最严厉之制裁，以及社会最强烈之谴责！

2010 年 4 月 22 日，高新区石桥铺赛博电脑城发生大火。担心有人借此散布谣言，4 月 23 日，"重庆网警"再次站了出来，在网上发帖"请广大网民不要针对石桥铺赛博火灾信谣、传谣，发表虚假信息要负相关责任。目前，火灾已基本扑灭，相关责任人员已被警方控制。"

2010 年 4 月 23 日凌晨，有网民在网上留下遗书，声称要自杀。这一帖子牵动了无数网友的心。"重庆网警"发帖称，在警方与网友的共同努力下，及时找到了发帖的网民，该网民并无自杀一事。在感谢广大网民对工作支持的同时，也提醒广大网友，请勿在网上发表类似的虚假言论，不仅浪费警力，更亵渎了广大网友的爱心。

"每次都是在关键时刻站了出来，莫非他的真实身份就是警察？作为警察，为什么不亮出警察身份？""现在实行的是阳光警务，他不出来会不会是假扮的？"……网友们纷纷猜测，"重庆网警"到底是真正的警察，还是某位好事者假借网警之名行事？网友希望"重庆网警"阳光现身的愿望越来越强烈。

然而，任凭大家网上公开发帖，还是站内私下沟通，"重庆网警"始终没有做出任何说明。

• 各方层层证实他是网络警察

为探寻真相，记者首先与网上论坛的版主取得了联系。版主透露，"重庆网警"比普通 ID 具有更大的操作权限，可以独立操作屏蔽不良言论，其余信息不详。

记者随后与网站重庆运营中心经理李玉伟取得联系。李经理委婉地透露，自从出现了这名"重庆网警"，网络上的很多信息更加透明，有效地遏制了因突发事件导致的谣言，特别是在一些重大的公共事件上，网友能更快速地了解到真实信息。"要想采访他，需和公安局联系。"李经理笑着表示。

前日，记者从市公安局相关负责人处得到证实，感动众多网民的"重庆网警"，真实身份就是市公安局网监总队的警察，他不仅在网上活动，在现实中还要行使警察的职责。

对于市民对"重庆网警"的信赖和对其工作的支持，市公安局表示非常感谢。由于这项工作的特殊性，不便过多透露相关信息。

# 习　题　13

① 搜集 2013 年 5 月京温服装城跳楼事件信息，了解事件概要。

② 浏览天涯论坛京温服装城跳楼论坛信息，具体 URL 地址为 http：//bbs. tianya. cn/post-free-3280068-1. shtml，请仔细阅读，分析出天涯论坛中"京温服装城跳楼事件"的网络推手，将网络推手的主要信息填入表 13-1 中。

表 13-1　京温服装城跳楼论坛信息登记表

| 账　　号 | 个人注册信息 | 主要网络推手事件 |
|---|---|---|
|  |  |  |
|  |  |  |
|  |  |  |

③ 在上题天涯论坛中,对网民的意见加以归纳、总结,分析出网民的关注点和意愿请求,从而提出有针对性的疏导意见,写入表 13-2 中。

表 13-2　疏导意见汇总表

| 简　要　舆　情 | 疏　导　内　容 |
|---|---|
|  |  |
|  |  |
|  |  |

④ 寻找出天涯论坛中的舆情引导内容,填入表 13-3 中。

表 13-3　天涯论坛舆情疏导内容汇总表

| 账号 | 发 布 事 件 | 疏　导　内　容 | 是否暴露身份 |
|---|---|---|---|
|  |  |  |  |
|  |  |  |  |
|  |  |  |  |

⑤ 在互联网中寻找京温服装城跳楼事件的相关“政务信息”、“新闻信息”、“评论信息”,将搜集的信息保存下来,并将结果填入表 13-4 中。

表 13-4　相关网络信息汇总表

| 信息类别 | 信息标题 | 发布时间 | 相关舆情 |
|---|---|---|---|
|  |  |  |  |
|  |  |  |  |
|  |  |  |  |

⑥ 搜索论坛自动灌水机软件,并练习使用。

⑦ 根据前面搜集到的舆情信息,制订相关的干扰策略,保存于表 13-5 中。

表 13-5　舆情干扰信息登记表

| 舆　情　名　称 | 干　扰　信　息 |
| --- | --- |
| | |
| | |
| | |

⑧ 将制订好的干扰策略设置到灌水机软件中，并对舆情信息进行灌水实验，将实验结果截图保存于下方。

# 参 考 文 献

[1]　王来华.舆情研究概论.天津：天津社会科学院出版社,2003.
[2]　刘毅.网络舆情研究概论.天津：天津人民出版社,2007.
[3]　曹礼海.警察如何直面网络舆论.北京：中国人民公安大学出版社,2010.
[4]　中共中央宣传部舆情信息局.舆情信息工作概论.北京：学习出版社,2008.
[5]　王天意.网络舆论引导与和谐论坛建设.北京：人民出版社,2008.
[6]　宣传部舆情信息局,天津社会科学院舆情研究所.舆情信息汇集分析机制研究.北京：学习出版社,2008.
[7]　张兆辉,郭子建.舆情信息工作理论与实务.沈阳：辽宁大学出版社,2006.
[8]　魏永忠.公安机关舆情分析与舆论引导.北京：中国法制出版社,2011.
[9]　王东庆,赫凛冽.公安机关应用文书写作.北京：中国人民公安大学出版社,2005.
[10]　项平.公共网络舆情事件研究.北京：人民出版社,2012.
[11]　高红玲.网络舆情与社会稳定.北京：新华出版社,2011.
[12]　刘建明.基础舆论学.北京：中国人民大学出版社,1988.
[13]　孟小平.揭示公共关系的奥秘——舆论学.北京：中国新闻出版社,1989.
[14]　刘建明.舆论传播.北京：清华大学出版社,2001.
[15]　汝信.2007年中国社会形势分析与预测.北京：社会科学文献出版社,2006.
[16]　王建龙.把握社会舆情.瞭望,2002(20).
[17]　文庭孝.论信息概念的演变及其对科学发展的影响.情报理论与实践,2009(3).
[18]　周建瑜.四大冲突：政策偏离公共性的主要原因.中共四川省委省级机关党校学报,2006(3).
[19]　左竖卫.互联网有害信息的界定和相关行为的处理刍议.信息网络安全,2005(6).